Le tiers pouvoir

Du même auteur

Du procès pénal, PUF, coll. « Les voies du droit », 1991.

Sujet de chair et sujet de droit. La justice face au transsexualisme, PUF, coll. « Les voies du droit », 1994.

La Justice des mineurs. Évolution d'un modèle (dir. avec Antoine Garapon), LGDJ, 1995.

La République pénalisée (avec A. Garapon), Hachette, coll. « Questions de société », 1996.

La Justice et le Mal (dir. avec A. Garapon), Odile Jacob, coll. « Opus », 1997.

Justice et Psychiatrie - Normes, responsabilité, éthique (dir. avec Claude Louzoun), ERES, 1998.

DENIS SALAS

Le tiers pouvoir

Vers une autre justice

Fayard

Collection FORUM

Un espace pour les débats contemporains

Bruno Berthon, *Dans quelle entreprise travaillerons-nous demain ?*
Daniel Lindenberg, *Figures d'Israël*
Olivier Mongin, *L'Après 1989*

Ouvrage publié sous la direction d'Olivier Mongin

A mon père, à Anne

Prologue

Le déchirement d'une culture politique

Nous sommes en 1901, au moment où le combat sur la laïcité embrase la IIIe République. Plus que jamais, ce débat mobilise les défenseurs de la République laïque contre ceux qui l'accusent d'être liberticide. Au cours d'un échange à la Chambre, des députés demandent que les grandes déclarations datant de l'époque révolutionnaire puissent être invoquées devant les tribunaux. La proposition étonne. Gaston Doumergue rappelle que la Ligue des droits de l'homme vient d'être créée pour cela. Les sarcasmes fusent sur les bancs de l'Assemblée. Ne faut-il pas, dit-on, plutôt afficher ces déclarations dans les casernes, les écoles, les églises ou les synagogues ? La manœuvre paraît grossière et ouvertement stratégique. On ironise en se demandant de quelle déclaration il s'agit : celle de 1789, de 1791 ou encore de 1793 ? Quant aux tribunaux, nul n'en fait mention. Finalement, une proposition sera votée à l'unanimité : la Déclaration de 1789 sera affichée dans les écoles et les communes de France.

Dans sa brièveté, l'épisode est riche d'enseignement[1]. La République songe à *afficher* les droits, non à les appliquer. Son élan retombe vite quand il s'agit d'en confier la réalisation à la justice. Elle est aussi prompte à proclamer les droits qu'à supprimer leur dépositaire. Lui parle-t-on des grands principes ? Elle préfère la loi, qui dure, à la Constitution, qui passe. Les droits de l'homme ? Elle confie leur défense à l'école plutôt qu'à la justice. Les tribunaux ? Ils sont encensés comme serviteurs et ignorés comme censeurs. L'égalité des droits ? Elle n'avance guère. Les hommes de 1789 proclament les droits de l'homme et du citoyen, mais instaurent le suffrage censitaire. Ceux de 1793 décrètent la République, avant d'établir la Terreur. Il faudra un siècle pour que naisse vraiment une République démocratique exclusivement masculine. Que manque-t-il donc à cette République oublieuse de sa fondation démocratique ?

Tout se passe comme si la fiction d'une République « une et indivisible » cimentait notre inconscient national en sorte que sa mise en question devienne impensable. Toute notre tradition politique est, en effet, fondée sur l'idée d'une représentation absolue, où la nation est unanime derrière ses représentants. La République est enfermée dans un cercle qui unit la loi, le droit et la volonté générale. La légitimité politique est concentrée dans un foyer de pouvoir unique, qui sera longtemps centré sur l'Assemblée, puis, plus récemment, sur l'exécutif. Au long de l'histoire républicaine, dire et faire le droit restent le monopole des seuls représentants de la volonté générale. L'idée même d'un contrôle de ces deux pouvoirs par un troisième a toujours été repoussée en France au nom de cette légitimité unitaire. Voilà délimité le périmètre du politique : une identification du peuple à ses représentants. Quand le doute émerge sur cette identification, on recherche confusément la place manquante d'un « tiers pouvoir » désigné comme « censorial », « régulateur », « modérateur », ou encore « préservateur »[2]. Mais, face au courant majoritaire qui prône la représentation absolue, la proposition est suspecte ou franchement subversive. Notre culture républicaine est donc hostile au droit, frappe de suspicion la société civile et place pour longtemps le judiciaire sous tutelle.

Telle est du moins la représentation du pouvoir qui nous gouvernait jusqu'à présent. Aujourd'hui, la justice s'arrache à un long sommeil où l'a plongée notre culture politique. Un glissement majeur se produit : *la justice quitte son statut de dépendance de l'exécutif et devient un pouvoir spécifique en imposant l'arbitrage du droit entre le peuple et le politique.* En même temps que les juges s'affranchissent de la tutelle politique, le droit cesse d'être lié au pouvoir, pour devenir une figure de l'arbitrage et du contrôle. En se détachant de la souveraineté, il devient un principe de justification du pouvoir, non un organe d'exécution de sa volonté. Sous la pression de la démocratie d'opinion, cette nouvelle division politique ne cesse de s'accentuer. Face à un exécutif longtemps hégémonique naît un nouveau pouvoir, qui déborde de l'extérieur un régime représentatif arraché à la bipolarité exécutif-législatif. Tel est le fait politique qui s'impose : un pouvoir supplémentaire, que masquait jusqu'à présent notre tradition jacobine, vient recomposer l'architecture de la démocratie.

Pourquoi une telle évolution ? Où en sont les signes principaux ? Tout se joue d'abord dans notre vieil Etat. Les équilibres internes qui le constituent se révèlent moins solides. Ethique, contrôles, régulations, la machine aux rouages si puissants semble grippée. Moins légitime à gouverner, la scène politique semble à la recherche de la confiance perdue. On voit naître une recomposition plus large de la puissance étatique : le pouvoir du juge émerge, non par hybridation de l'Administration – comme ce fut le cas de la justice administrative –, mais en donnant consistance à un contrôle indépendant. L'erreur serait de croire que ce mouvement est dû uniquement à une prise de pouvoir par les juges, qui prennent leur revanche sur un passé d'oppression. Ce n'est que partiellement vrai. Certes, certains d'entre eux, aimés des médias, rompent bruyamment avec la soumission hiérarchique. Mais c'est oublier que, souterrainement, s'effondre la capacité de l'Etat à assurer ses arbitrages internes et, plus grave, une éthique républicaine. Tant que l'Etat avait en lui cette éthique de l'intérêt général, il gardait son crédit. Qu'il le gaspille, et le doute s'installe. Que les signes de corruption apparaissent, et la confiance s'éloigne radicalement. Que l'Administration elle-même donne le sentiment qu'elle oublie sa mission de service public dans un domaine aussi sensible que la santé, par exemple, et le scandale éclate. Les « affaires » ne sont pas seulement un feuilleton pour une presse avide de tels scandales. Elles n'expriment pas la volonté des juges d'inscrire les élites à leur tableau de chasse. Elles sont le signe d'un épuisement des valeurs de l'Etat, qui rendait jusqu'à présent intouchable le monde politique français. Notre puissante Administration perd sa vertu d'excellence et devient faillible sous le regard d'une démocratie d'opinion. Pour la première fois, ses préfets sont assignés en justice et – fait hautement symbolique –, *comme tout justiciable,* l'Etat, humilié, doit prendre un avocat pour assurer sa défense. Les victimes ne se résignent plus, les « résistants éthiques » se multiplient et les recours affluent devant les tribunaux. Tout commence là.

Le système qui fait depuis deux siècles du judiciaire une dépendance de l'exécutif n'est plus tenable. Jamais, dans le passé, on n'avait assisté à des conflits aussi violents et publics entre ces deux branches de l'Etat. Entre 1993 et 1996, les conflits entre la justice et l'exécutif se font clairement de pouvoir à pouvoir. L'Etat doit créer un nouvel espacc judiciaire, s'il veut continuer à gouverner dans une démocratie où le regard de l'opinion rend visibles ses moindres fautes et scandaleuses ses échappatoires. Une rupture s'impose avec une tradition politique, que nul ne valide ni ne comprend plus. Lancé par Jacques Chirac le 12 décembre 1996 et prolongé par le discours d'investiture de Lionel Jospin le 20 juin

1997, le chantier de la justice est enfin ouvert. L'engagement pris par ce dernier de ne pas nommer des procureurs sans l'aval du Conseil supérieur de la magistrature et de ne donner aucune instruction dans les affaires individuelles marque cette volonté de rupture. Une réforme historiquement inédite est en marche. Le rapport Truche trace une première esquisse. Le projet d'Elisabeth Guigou avance dans cette voie.

Ce livre est un essai d'interprétation de ce tournant tumultueux que vit la justice française. Longtemps réduite à n'être qu'une fonction administrative de l'Etat, cette dernière tend à devenir le pouvoir impartial que la République a toujours refusé de reconnaître en elle. Les frontières internes de l'Etat s'en trouvent bousculées. Les catégories de la démocratie – souveraineté et représentation – comme celles de l'Etat – juridiction et administration – ne le sont pas moins. Avec la naissance d'une séparation des pouvoirs entre l'exécutif et le judiciaire, c'est une archéologie de la souveraineté qui est exhumée. Avec l'émergence d'un pouvoir sur les pouvoirs, c'est notre représentation de la démocratie qui est mise en question. Avec l'émancipation de l'opinion, la puissance de l'Etat, dont la Ve République forme la dernière grande synthèse historique, est, en quelque sorte, prise à revers. Le nouveau triangle sur lequel repose la démocratie articule le peuple souverain, l'action de ses représentants et le contrôle de ceux-ci. « Il a pour charge d'instaurer un jeu à trois termes : le peuple en corps, les pouvoirs délégués et le contrôle de la délégation[3]. » A la dualité conflictuelle je-tu, représenté-représentant, il oppose le troisième terme du « il », qui incarne la scission par où s'infiltre la règle commune, celle qui n'appartient à personne et dont tous sont justiciables. Ce qui se dessine n'est donc pas la naissance d'un troisième pouvoir, qui viendrait simplement s'ajouter aux deux autres (exécutif et législatif), mais bien d'un *tiers pouvoir*, instance de jugement placée, au cœur de la démocratie, *entre* les représentants et les représentés. Comment une telle révolution, où la République doit accepter un pouvoir qui contrôle les autres, a-t-elle été possible ? Peut-on éclairer les points forts de cette transformation sans précédent de notre politique ? En quoi la situation française est-elle spécifique par rapport à celle de nos voisins européens, mais aussi, d'une certaine manière, opaque pour eux ? Vers quoi cette aventure peut-elle nous conduire ?

L'hypothèse qui anime cet essai repose sur le double mouvement d'où jaillit ce pouvoir du juge que l'on n'attendait guère. Il émerge à la convergence d'une mutation *interne*, qui touche la place de la justice dans l'appareil d'Etat, et d'un renouveau de la société démocratique, qui lui attribue *de l'extérieur* une place qu'elle n'a jamais eue. Devant l'avancée politique des juges et la croissance de leur pouvoir pénal, les équilibres de l'Etat se recomposent. Sous la pression d'une société civile émancipée se déchire le vieil imaginaire républicain et s'imposent les nouvelles règles de la démocratie. Portée par ce double mouvement, la Ve République, à l'image de toutes les démocraties européennes, propulse sa justice dans une position de surplomb qu'elle doit, sans transition, assumer. Sans doute devra-t-elle demain refonder l'héritage républicain à l'aune d'un véritable droit commun des démocraties. Cette fondation d'un véritable tiers pouvoir, longtemps refusé, aura-t-elle lieu ? Toute conjecture serait hasardeuse, tant le deuil est profond et le défi audacieux. Une chose est certaine, le processus est en marche.

Première partie

Les incertitudes contemporaines de la justice

Au sortir de la guerre froide, après l'effondrement du bloc communiste, les Etats européens sont entrés dans un cycle de paix durable au cours duquel ils ont dû, peu à peu, redistribuer leurs pouvoirs internes. Partout, les sociétés démocratiques imposent aujourd'hui la contrainte du droit aux politiques et sanctionnent leurs fautes. Mais, partout aussi, la disparition des frontières rend ces nouveaux équilibres vulnérables face aux menaces nées de la mondialisation. Prise dans ce cycle mondial, la France fait exception. En s'imposant aujourd'hui dans la vie démocratique, le juge veut occuper une place que la République lui a toujours refusée. Le nouvel âge qui s'ouvre pour la justice est étranger à notre culture jacobine, heurte l'impunité des élites et s'affirme contre l'Etat administratif. On comprend aisément que cette naissance soit conflictuelle et hésitante. Toute l'ambiguïté de la situation française est là. L'opinion exige une justice insoupçonnable, que le monde politique perçoit comme une menace, sans mesurer la portée de l'ébranlement qui en résulte. Au même moment, la déstabilisation simultanée de deux fondements de l'Etat – le pouvoir de punir et l'idéal d'intégration – affecte sa fonction d'instituant collectif de la société. De telles failles font apparaître les carences institutionnelles d'un pays où les médiations sociales sont traditionnellement faibles. Les équilibres entre prévention, répression et individualisation deviennent incertains. La place prise par les victimes et la montée d'une délinquance d'exclusion en sont les signes les plus visibles. Sous la pression des inquiétudes collectives, une précipitation dangereuse emballe la machine judiciaire. Les formes du droit importent moins que l'urgence à punir. A terme, la croissance du pouvoir pénal du juge pourrait ruiner son autonomie politique naissante.

I

Les leçons de l'après-guerre froide

Rien dans la culture juridique continentale ne prédisposait le juge à jouer un rôle politique. Dans toutes les démocraties latines, où le droit ne procède que par grandes synthèses législatives, le juge ne pèse en effet que d'un faible poids. Il n'a rien de commun ni avec les grands juges américains, véritables guides de la nation, ni avec les juges de *common law* créant eux-mêmes le droit. Bien avant que la Révolution française ne le voue qu'à demeurer la « bouche de la loi », le juge n'est que l'instrument docile d'une conception unitaire de la souveraineté. Les hommes de 1789 n'ont fait que reformuler cette dépendance originelle. Simple mécanicien dans la vaste machine du droit édifiée par le législateur, sa carrière est celle d'un bureaucrate, sa fonction est « étroite, mécanique, non créative [1] ».

Une triple rupture

Nous sortons peu à peu de cette tradition dominée par la souveraineté sans partage de l'Etat. La croissance contemporaine de la justice s'enracine dans un remaniement des rapports entre Etat et société, amorcé dès le XVIIIe siècle. Dès ce moment, on commence à dénoncer la logique de la raison d'Etat au nom d'un droit de regard de la société[2]. La critique des systèmes absolutistes permet l'émergence du régime représentatif qui va transformer profondément la structure de l'Etat. Aujourd'hui, un nouveau cycle de cette recomposition remet en cause la légitimité d'un Etat ébranlé par un nouvel élan démocratique. Dans une Europe qui a connu le totalitarisme, les nations se sont défiées d'une puissance étatique dominatrice. L'après-guerre froide renforce ce mouvement. En faisant disparaître le risque de conflit, la concentration de la puissance politique est moins nécessaire. Une volonté de mieux répartir les pouvoirs démocratiquement délégués traverse toutes les démocraties européennes. Le temps des exécutifs surpuissants, renforcés par la croissance des appareils administratifs, s'achève. Partout s'impose, dans des proportions variables selon les histoires nationales, la figure du juge disposant d'un réel pouvoir. Les vieilles traditions nationales subissent les conséquences d'une interpénétration grandissante des modèles politiques et juridiques. La puissance croissante du juge est un mouvement général qui déjoue la puissante construction étatique héritée du XIXe siècle et renforcée dans la seconde moitié du XXe. Tout cela procède d'une triple rupture, qui dessine peu à peu un droit commun des démocraties européennes.

Une première rupture se produit à la fin de la

Seconde Guerre mondiale, quand les nations européennes, meurtries par la barbarie nazie, décident de placer une limite à la croissance de l'Etat. Toutes les institutions européennes sont construites sur l'idée d'une pondération du pouvoir politique par la reconnaissance des droits de l'homme. La figure du juge incarne le désir d'éviter l'engendrement d'un arbitraire illimité. La Cour européenne des droits de l'homme et l'expérience initiale de la Communauté européenne – profondément politiques dans leurs inspirations – marquent cette volonté de rupture avec le passé. Dans la plupart des pays d'Europe, cette évolution ne s'est jamais démentie depuis 1945. Au contraire. La tendance qui donne pouvoir au juge pour neutraliser, par un contrôle efficace, des exécutifs trop dominateurs n'a cessé de s'affirmer. Instaurer un contrôle de la loi, créer des juridictions supranationales et renforcer le statut du juge : ces signes expliquent la confiance faite à ce dernier pour obtenir la modération de l'Etat.

La deuxième rupture intervient avec la généralisation du *fait majoritaire* dans les démocraties européennes. Toutes évoluent aujourd'hui vers un mode de gouvernement où l'exécutif est appuyé sur une majorité disciplinée et sur l'élection de son chef. Ce pouvoir majoritaire est spécialement durci en France par une culture politique qui unit suprématie de la loi et représentation nationale indivisible. Face à un pouvoir conçu pour l'efficacité et pour la durée se mettent en place en Europe des contre-pouvoirs qui varient beaucoup selon qu'il existe ou non un fédéralisme, une social-démocratie forte ou des communautés vivantes. Mais la dualité du politique, à la fois gouvernant et délibérant, est au cœur des expériences politiques des démocraties dans la seconde moitié de ce siècle[3]. La puissance étatique contrôlée par des cours constitutionnelles ouvertes aux minorités politiques se généralise partout en Europe.

Une nouvelle rupture se produit en 1989, à la suite de l'effondrement du bloc communiste. Avec l'après-guerre froide, on assiste à la fin d'un cycle mondial, ouvert en 1917, où la bipolarité Est/Ouest dominait nos représentations politiques[4]. Orphelines d'une identité construite en référence à un adversaire idéologique commun, les démocraties deviennent à elles-mêmes leur propre horizon. La fin d'un conflit mondial intégrateur, aux règles stables et codifiées, ouvre la voie à des recompositions politiques internes. Les peuples s'interrogent sur ces concentrations de pouvoir que la guerre a rendu possibles. Nul n'accepte plus sans bénéfice d'inventaire ces Etats puissamment armés pour nous protéger de la menace d'une guerre désormais improbable. Dans un univers politique perdant ses repères idéologiques, les Etats ont alors moins à se protéger de la guerre qu'à redistribuer leurs compétences. Une démocratie plus exigeante leur impose de baisser la garde et d'accepter des contre-pouvoirs.

L'émergence des cours constitutionnelles

Le droit commun des démocraties apparaît sous les traits d'un pouvoir délibérant, dominé par la figure du juge constitutionnel. Il n'est pas étonnant que les constitutionnalismes allemand et italien, nés directement de l'expérience du totalitarisme, s'imposent les premiers en Europe. Dans ces deux pays, la volonté de modérer l'Etat est le fil conducteur des institutions mises en place. Fait hautement symbolique, dans l'immédiat après-guerre, des tribunaux allemands condamnent des soldats qui avaient tué des déserteurs sur ordre de Hitler, au nom d'une loi qui les assimilait à des traîtres. A l'époque, le grand juriste Radbrucht aura ce mot que nul n'oubliera outre-Rhin : « Une loi injuste n'est pas du droit. » Au moment où l'Allemagne reprend ce débat entre le juste et le légal, où l'on crée la catégorie de crime contre l'humanité, une seule chose importe : les peuples d'Europe veulent se préserver de la monstrueuse concentration des pouvoirs d'un Etat-nation liant à un seul rouage et soumettant à sa seule impulsion la société tout entière. Le refus de la Loi hypostasiée par le totalitarisme s'accompagne d'une volonté de soumettre l'Etat à des principes supérieurs. Réapparaît alors cette *division* entre l'Etat et la société, marque même des sociétés démocratiques où le juge est le gardien de cette frontière garantie par une loi fondamentale, la Constitution.

Au long des trente dernières années, le développement de la justice constitutionnelle, partout en Europe, ne va pas cesser de creuser ce sillon. L'Europe, à l'occasion des trois grandes ruptures à l'instant évoquées, va réaffirmer la force du droit contre le mal totalitaire : les nouveaux pouvoirs constituants des nations vaincues rompent tout d'abord avec le pouvoir totalitaire, en organisant le contrôle de constitutionnalité d'une loi qui cesse d'être infaillible. Ce n'est pas un hasard si, de 1945 à 1949, l'Italie, l'Allemagne et le Japon, sous la pression américaine, se dotent de cours constitutionnelles. Ensuite, dans les années 1970, la sortie des dictatures des Etats de l'Europe du Sud – Espagne, Portugal et Grèce – confirme le même mouvement. Enfin, à la suite de l'effondrement de l'Union soviétique, la majorité des pays de l'Europe de l'Est créent à leur tour des organes de contrôle de constitutionnalité de la loi. L'héritage des droits de l'homme, né en 1945 dans l'Europe de l'Ouest, trouve un nouveau souffle avec les jeunes démocraties de l'Est, qui cherchent, à leur tour, une légitimité dans le droit. A ces trois moments de son histoire, tout se passe comme si l'Europe voulait édifier une frontière infranchissable face au danger totalitaire d'une absorption de la société par le pouvoir. La scène politique est devenue indissociable d'un pouvoir juridictionnel chargé d'imposer le droit aux pouvoirs élus.

Ainsi la démocratie suppose désormais une scène qui autorise le citoyen, dans l'espace public, à agir contre son Etat, en lui rappelant ses engagements et ses obligations. L'existence d'une *opposition procédurale* entre le droit et le politique, entre l'opinion et l'Etat, n'est pas sans évoquer ce que Ricœur appelle le « consensus conflictuel » : « Est démocratique un Etat qui ne se propose pas d'éliminer les conflits mais d'inventer les procédures leur permettant de s'exprimer et de rester négociables[5]. » Les conflits ne s'expriment que par le truchement des normes et d'une nouvelle architecture des pouvoirs. Au-dessus du politique, une hiérarchie des normes, dont le juge est le gardien, encadre la puissance de l'exécutif. Mais, au-dessus du juge, la Constitution postule la « forme républicaine de gouvernement[6] », qui lie, cette fois, l'interprète de la règle à une valeur fondatrice. A la fois englobé et englobant, le juge incarne une limite dont il est le premier justiciable.

Ce qui se joue est une redéfinition de la démocratie sous l'angle, non du pouvoir délégué, mais du contrôle permanent que les gouvernés exercent sur les gouvernants. Le mot d'ordre du vieux radicalisme cher à Alain trouve une singulière actualité en cette fin de siècle : « Nous n'avons point à honorer ou à louer nos chefs. Nous avons à leur obéir à l'heure de l'obéissance et à *les contrôler à l'heure du contrôle.* » Le suffrage universel ne suffit plus, à lui seul, à légitimer le politique. Les droits individuels doivent servir d'antidote à la puissance étatique. Le pouvoir du juge donne consistance à un contrôle qui refuse de donner à l'exécutif un blanc-seing pour plusieurs années. On veut ainsi neutraliser le danger inhérent à la concentration des pouvoirs dans l'Etat. Cette nouvelle démocratie offre des canaux d'expression à une opinion qui peut devenir violente et prédatrice si elle n'est pas pacifiée et reconnue. Si les droits de l'homme cessent d'être un rêve philosophique, c'est que le juge redonne sens et puissance à des valeurs que l'on croyait perdues. Singulier effet de mémoire pour une Europe qui avait connu dans le monde médiéval une haute conception des droits de l'homme – le droit naturel –, avant que cette tradition ne soit complètement occultée par la nationalisation du droit et le phénomène étatique [7].

L'impact de la construction européenne

L'émergence d'espaces juridiques européens à la fin de la Seconde Guerre mondiale va de pair avec ces réaménagements internes. Pour la première fois dans l'histoire européenne, le choix est fait de donner toute sa portée à cette tradition du droit naturel : la vieille idée médiévale selon laquelle le droit est une faculté de l'homme, *jus est facultas,* retrouve tout son sens dans une Europe sortant des guerres et des rivalités nationales. Face à la souveraineté qui nationalise le droit est posée l'exigence d'un universel propre à la personne humaine. Contre la puissance des appareils de pouvoir est instaurée une juridiction pour donner à l'individu les moyens d'agir dans l'espace public. La Cour européenne des droits de l'homme sera l'instrument d'un contrôle de la souveraineté étatique, à la disposition des citoyens qui s'estiment victimes de la violation d'un droit fondamental. Désormais, les normes étatiques et les décisions des juges doivent justifier leur conformité avec des « normes démocratiques européennes ». Après la juridiction viendront les concepts, la jurisprudence, l'intériorisation de ses valeurs par les professionnels et l'impact des arrêts de la Cour sur les Etats. On ne peut aujourd'hui concevoir un projet de loi qui touche les libertés – écoutes téléphoniques, détention provisoire, réforme de la cour d'assises, droits de la défense – sans se référer à cet ordre normatif.

Mais, avant d'être juridique, l'expérience du droit européen est politique. Avec la Communauté, les Etats sont, de leur propre volonté, plongés dans un système politique où les trois pouvoirs de la vieille trilogie constitutionnelle libérale – exécutif, législatif et judiciaire – sont placés à égalité. Pierre Pescatore, qui fut rédacteur du traité de Rome puis juge à la Cour de justice de Luxembourg, explique qu'à l'origine cette cour était placée au même niveau que l'exécutif bicéphale (Commission et Conseil européen) et le Parlement. Ces quatre institutions participent, chacune *à leur place*, à la réalisation des objectifs du traité. « Cela a été voulu par les Etats membres qui se sont engagés très profondément dans l'entreprise communautaire et ont voulu créer eux-mêmes cette garantie dérivant du respect de la règle de droit[8]. » L'arbitrage de la règle de droit est demandé par les Etats eux-mêmes. De là viennent les recours exceptionnellement nombreux qui ont fait de cette cour peu à peu une véritable instance d'arbitrage entre les

Etats : recours en annulation, questions préjudicielles en interprétation qui permettent un dialogue entre les juges, mais aussi recours en manquement des obligations des Etats. Les bases d'une jurisprudence « fédérative » ont permis ensuite que la communauté tout entière devienne, dans son périmètre, un puissant espace d'intégration.

Les nations font ainsi l'expérience d'une *autre association politique* articulée autour de la règle de droit, véritable principe de distribution du pouvoir où le juge dispose d'une légitimité propre – première et non dérivée –, qui réalise les objectifs de la communauté. Nous sommes loin d'une opposition entre la démocratie élective et le pouvoir du juge. Ici, chacun est à sa place dans une répartition des pouvoirs consentie. Dans tous les Etats européens, la vie économique et juridique est profondément réorganisée par la dynamique de cette instance où le juge a un pouvoir *politiquement défini* et, pour cela, reconnu par tous.

Nouvelles mœurs démocratiques

Au-delà des institutions juridiques, c'est l'opinion tout entière qui, sans attendre le moment des élections et avec l'aide des médias, place l'exercice quotidien de la démocratie sous son contrôle. La crise de légitimité du politique est aujourd'hui générale : partout en Europe, les scandales éclatent et la corruption politique est révélée au grand jour. Le malaise suscité par la révélation d'un mal politique explique sans doute que l'on identifie ce mouvement au cas de l'Italie. Il est vrai que, à la suite de l'opération *mani pulite,* les effets conjoints de la poussée de la justice et du délitement politique créent un étonnant climat d'indifférenciation. Nul n'y est plus à sa place. Les juges semblent gouverner, les politiques deviennent tous suspects et les médias jugent. Que l'on regarde l'expérience carnavalesque du gouvernement Berlusconi qui dura sept mois en 1994. Qu'y voit-on ? Une télévision commerciale flattant un individualisme concurrentiel sans limites. Une alliance avec l'extrême droite permettant l'arrivée au pouvoir de cette démocratie médiatique. La substitution totale aux institutions de la démocratie d'un télépopulisme qui invente l'alternance médiatique en lieu et place de l'alternance politique. La pénalisation provoque des procès véhéments et médiatisés, preuve s'il en est que la démocratie d'opinion peut dériver vers un véritable absolutisme. Mais l'épisode berlusconien ne doit pas masquer l'opération pénale et morale organisée par le parquet de Milan pour traquer la corruption dont vivait la partitocratie italienne depuis plusieurs décennies. Hautement symbolique est la mise en accusation pour complicité avec la Mafia de l'homme politique le plus important de l'après-guerre, Giulio Andreotti, créateur de la démocratie chrétienne, sept fois président du Conseil.

L'exigence d'une moralisation accrue de la vie politique est générale. En Grande-Bretagne, une commission parlementaire – la commission Nolan – rend un rapport en mai 1995 sur la moralité de la vie publique. Après avoir entendu des parlementaires, elle propose de fonder toute la vie politique sur des principes éthiques : publicité des consultations de parlementaires, réglementation de leurs frais, interdiction du pantouflage pour les ministres, transparence de leurs gains... En Allemagne, où l'on craint la contagion d'une corruption du monde économique, les membres du Bundesrat doivent être transparents sur les revenus extérieurs à leur mandat. Le chef du gouvernement espagnol Felipe González est soupçonné de terrorisme d'Etat dans l'affaire des GAL[9], à la suite de révélations du journal d'opposition *El Mundo* et d'une instruction pénale du juge Garzon. On a même vu le président du Tribunal suprême espagnol – comme le procureur général de Paris au même moment – dénoncer l'effet de l'activisme des tribunaux sur la vie politique et économique du pays.

Partout, la confusion entre justice et politique est dénoncée. Les erreurs judiciaires qui s'abattent sur la justice anglaise montrent l'ampleur des atteintes aux droits de l'homme par un Etat qui ne recule devant rien pour traquer les terroristes : les années de détention arbitraire pour les « Six de Birmingham » et les « Quatre de Guilford » font scandale. En Italie, l'historien Carlo Ginzburg publie une contre-enquête pour démontrer minutieusement l'erreur judiciaire d'un homme condamné à vingt-deux ans de prison pour terrorisme[10]. Au même moment, la France, elle aussi, découvre le cabinet noir de l'Elysée, les écoutes illégales, les preuves falsifiées pour la bonne cause de la sécurité de l'Etat. Les abus sanctionnés, partout en Europe, de ces exécutifs tout-puissants et sacralisés, notamment dans le domaine des écoutes téléphoniques ou des détentions arbitraires, sont autant de limites opposées à leur croissance. Les compromissions avec la Mafia, le terrorisme et la corruption accroissent le discrédit des élites et ne font qu'aviver le besoin d'une justice impartiale, tenant à distance une raison d'Etat sujette à de telles dérives.

En Belgique, l'exigence de moralité culmine avec l'affaire Dutroux, où se mêlent corruption politique et corruption des mœurs. Un film belge récent comme *La Promesse*, des frères Dardennes, donne la mesure du mal. Il raconte cette décomposition des mœurs à travers l'histoire banale d'un père et de son fils qui vivent du travail d'immigrés clandestins dans la banlieue de Liège. Les séquences principales sont éloquentes : la violence quasi incestueuse des relations entre le père et le fils, le silence douteux des autorités locales sur leur pitoyable trafic, le crime par indifférence quand un clandestin vient à mourir. Très lourdes sont les questions posées par les images d'une indifférenciation générationnelle, politique et morale. Où peut nous mener d'avoir perdu la limite entre la barbarie ordinaire et notre commune humanité ? Par quelle « promesse » retrouver les fondements intangibles à la vie collective et traverser la hantise de la dissolution du lien social et d'une déshumanisation honteuse ?

Face à l'ampleur de telles confusions, ce qui se joue est une renaissance de la démocratie par le rétablissement de la *vertu politique*, au sens où l'entendait Montesquieu, d'une séparation du public et du privé qui, seule, permet de reconnaître le bien public. Cela suppose nécessairement qu'une place soit faite à la fonction de juger. Seule l'acceptation d'une division des pouvoirs permet à la démocratie de se juger elle-même, sans être suspecte de se disculper en étant impliquée dans sa propre cause. Le politique se rend compte qu'il ne peut poursuivre sa route que s'il accepte dans l'Etat un espace de jugement sur lui-même. Mais, en Europe, les scénarios se partagent. D'un côté, en Belgique, le soupçon de collusion de la magistrature avec la corruption ne laisse pas d'autre issue qu'une crise grave de la démocratie tout entière, la justice étant la première visée. A l'opposé, l'Italie évite une telle crise grâce à une puissante indépendance des juges, mais au prix d'une dislocation du politique. En France, au mieux, la justice doit « passer », au pis, elle traduit un activisme vengeur, ce qui, dans les deux hypothèses, masque l'ampleur de sa mutation. Fort heureusement, l'exigence d'impartialité de l'Etat, posée aujourd'hui comme préalable à la réforme de la justice, rompt avec cette lecture négative. Ainsi partout est affirmée la nécessité d'un pouvoir judiciaire, si l'on veut que la démocratie autorise, dans cet espace tiers, que l'on juge de ses propres fautes.

La montée en puissance du juge
Cet ample mouvement conduit le juge à la hauteur d'un pouvoir autonome dans l'Etat. Dans l'immédiat après-guerre est créé en Allemagne un pouvoir judiciaire dont les moyens répondent aux besoins de la société (environ vingt mille magistrats aujourd'hui) et l'indépendance contrôlée par la cour constitutionnelle. La démocratie majoritaire y est doublement pondérée par le constitutionnalisme et par le fédéralisme, dans la tradition du *Rechtsstaat.* Dans une Italie où les pouvoirs sont émiettés par une vie politique proliférante, la magistrature est un pouvoir sans véritable rival : elle est totalement à l'abri des pressions de l'exécutif, grâce à un organe d'autogouvernement de la profession (Conseil supérieur de la magistrature), d'autant que les choix de carrière ne sont pas liés à l'avancement (dissociation du grade et de la fonction). L'Espagne et le Portugal suivent la même orientation. A leur tour, tous les pays de l'Est optent également pour une magistrature aux traits bureaucratiques marqués, mais dotée de garanties d'indépendance.

Que signifie un mouvement aussi convergent ? Toutes ces démocraties latines, qui ont connu une « magistrature bureaucratique [11] », connaissent *la mutation d'une profession devenue indépendante, alors qu'elle est puissamment organisée à l'origine pour servir le pouvoir.* Cette puissance s'appuie d'abord sur le *système de la carrière* d'une profession fonctionnarisée, à l'inverse des pays de *common law* où la fonction du juge, pour prestigieuse qu'elle soit, n'est qu'une fin de carrière pour l'élite du barreau. Ensuite, la magistrature exerce conjointement la *poursuite* et le *jugement* (parquet et siège sont parfois confondus dans la même carrière). Alors que, dans certains pays, il s'agit de deux carrières différentes (comme en Espagne et en Allemagne), l'union est totale entre les deux fonctions en France et en Italie, par exemple. Il y a, enfin, une *concentration des pouvoirs* entre les mains d'un même juge, qui enquête, juge et prive de liberté au nom des impératifs de l'investigation. Cette puissante magistrature est renforcée par la mise à l'écart du barreau. Durant deux siècles, le barreau, en France notamment, a payé du prix de son indépendance d'avoir été exclu de ce système de pouvoir. La dualité des carrières du barreau et de la magistrature renforce leur antagonisme procédural naturel et creuse une inégalité potentiellement forte, le premier cherchant du côté du marché à reconquérir une place perdue dans l'ordre du politique.

Cette scission dans l'Etat est-elle un danger pour l'équilibre de la démocratie, comme le craignent non sans raison Guarnieri et Pederzoli ? « Le pouvoir du juge bureaucrate peut devenir facilement beaucoup plus fort que celui d'un juge professionnel une fois que les mécanismes de contrôle traditionnel sont démantelés [...]. Les pouvoirs de la magistrature ont été forts parce qu'ils se déployaient *dans un Etat* où la justice ne jouait pas en réalité un rôle autonome, et on pouvait donc lui donner plus de pouvoir du moment que c'était un pouvoir sous tutelle[12]. » Il est certain que, en libérant ce corps de la tutelle politique, on risque d'abandonner à des usages politiquement imprévisibles le pouvoir pénal. Mais que serait devenue la démocratie italienne sans une institution capable de réprimer la corruption généralisée et la Mafia ? La justice n'a-t-elle pas été, à un moment donné de l'histoire, en Italie, le tout de l'Etat contre sa plus puissante négation[13] ? L'irruption du juge est certes redoutable par son alliance avec la démocratie d'opinion, mais ne représente-t-elle pas un dédoublement institutionnel nécessaire, dès lors que l'on postule que la démocratie n'est pas *en soi* vertueuse ?

Une autre raison invite à nuancer cette crainte. Le juge, qui voit son *statut* renforcé, doit aussi renoncer pour partie à la toute-puissance de son *pouvoir*. Beaucoup de pays ont entrepris, sinon de casser, du moins de remodeler le vieux système inquisitoire, formidable système de production de la vérité qui caractérisait le noyau du pouvoir de l'Etat dans les pays latins. La modération des pouvoirs du juge pénal, trop puissants et mal adaptés à nos sociétés, est un trait du droit commun des démocraties européennes. On est frappé de voir à quel point tous nos voisins ont opté à des degrés divers pour le système anglo-saxon de procédure pénale, qui rompt avec le monopole du pouvoir d'enquête, opte pour la discussion orale et publique de la preuve et renforce les droits de la défense à tous les stades de la procédure. L'Allemagne et l'Italie, par exemple, suppriment le juge d'instruction et confient les pouvoirs d'enquête au parquet, le juge n'intervenant que pour les décisions mettant en jeu les libertés.

Une distribution des pouvoirs plus équilibrée entre les acteurs du procès est partout adoptée. Le juge ne détient plus le monopole des pouvoirs. Il incarne, avec moins d'éclat, une vérité transcendante dont il serait dépositaire. Symétriquement, l'accusé n'est plus, en droit du moins, cet individu poursuivi par le châtiment et jeté sur la scène publique pour expier sa faute. Il est investi de pouvoirs propres : informé de ses droits au moment de son arrestation, disposant d'un avocat, il a désormais tout au long de son procès de véritables pouvoirs d'orientation de la procédure et de négociation des charges qui pèsent contre lui. Un procès pénal infiniment plus contradictoire s'impose peu à peu après un long règne de la culture inquisitoriale. En acceptant d'être plus désarmé, l'Etat pénal échappe peu à peu à la métaphore du « Jugement dernier », où notre imaginaire l'avait figé. Délaissant ce langage guerrier, il tend à être désormais repensé tout entier dans la perspective des droits de l'homme.

Le choc de la mondialisation

C'est au moment où sa place se stabilise que le juge est confronté à des secousses venant de la mondialisation. Alors que, à l'intérieur, le juge parvient à modérer l'Etat, on lui demande de défendre ce même Etat dans le monde du libre-échange et des nouveaux périls transnationaux. Au moment où les démocraties européennes reconstruisent les frontières internes de la démocratie, elles subissent une insécurité consécutive à la perte de leurs frontières externes. La reconnaissance des droits de l'homme à l'intérieur va de pair avec la réaffirmation du monopole pénal de l'Etat face aux périls extérieurs. Le tournant des années 1980 apparaît décisif. Le marché unique et la libre circulation des personnes induits par l'Union européenne ont pour revers une intense coopération policière sur les questions de sécurité. Rien n'échappe à cette sécurité en construction, qui vise des cibles précises (terrorisme, drogue, criminalité transnationale). Elle se donne des institutions (troisième pilier de Maastricht) et d'innombrables outils informels de surveillance. L'Etat, qui se libéralise à l'intérieur, affiche au dehors une politique pénale dure. Les politiques gouvernementales envahissent par le haut les justices d'Europe et redéfinissent le périmètre de la sécurité à l'échelle du Vieux Continent.

Avec la disparition des frontières, un nouvel ennemi réapparaît. Ce n'est plus l'Etat, mais l'individu qui devient l'altérité menaçante. On voit très nettement le durcissement de la répression s'orienter contre l'immigré clandestin, figure attrape-tout qui coagule le trafiquant et le terroriste. Au moment où l'Europe ouvre ses frontières, les Etats s'arment singulièrement pour faire face au déplacement géographique de la délinquance. La vitalité de la coopération policière dessine une Europe animée par une logique sécuritaire impulsée par les seuls Etats. Ainsi est forgée une Europe qui renforce singulièrement tous les traits bureaucratiques des appareils d'Etat : opacité du droit, illisibilité des mécanismes décisionnels, dilution du judiciaire dans l'administratif, et, au bout du compte, déficit de plus en plus lourd de citoyenneté [14]. Tout un idéal juridique d'intégration est pris à revers par une montée généralisée des inquiétudes et par la convergence d'attitudes défensives. Devant la hantise d'une invasion d'étrangers, la mondialisation des échanges et la dissémination des figures de l'insécurité, l'Europe devient une forteresse à défendre.

On mesure mieux le paradoxe des démocraties européennes. Alors que l'histoire du XXe siècle s'achève par un nouvel équilibre politique, l'ouverture sur le XXIe siècle propulse ces démocraties vers de nouveaux défis liés à la globalisation des marchés et à l'internationalisation du crime. Une boucle étrange unit la fin de la guerre froide et la montée de l'insécurité intérieure. Les frontières réapparaissent sous la forme de catégories d'individus, construites à la mesure de nos peurs. Délinquants récidivistes, pervers sexuels, toxicomanes à risques, immigrés clandestins sont autant de figures qui émergent d'un monde sans repères et sans frontières. En apparence, les mots sont les mêmes, mais ils cachent un glissement de sens. Ainsi du clandestin, image de la fragilité sans statut et de la menace la plus impalpable, ou encore du jeune délinquant, hier défini par un régime de protection mais demain cousu dans la peau du « délinquant réitérant ». Tous sont requalifiés comme catégories à risque ou flux à contrôler. Ethnicisées ou naturalisées dans une raison juridique purement instrumentale et sans mémoire, les différences sont définies par l'âge, l'ethnie ou la pathologie. La disparition des frontières externes s'accompagne d'un durcissement des signes de la différence, dans un monde où les identités deviennent multiples et insaisissables. Que reste-t-il ici de l'héritage des droits de l'homme, face à une opinion inquiète, qui demande à être protégée de la proximité de ces nouvelles menaces ? L'exemple du droit d'asile, partout remis en question en Europe, est significatif. Nourries d'un idéal d'intégration, les sociétés démocratiques sont hantées par la question de l'étranger : en même temps qu'elles portent l'héritage des droits de l'homme, elles sont sans cesse rattrapées par le besoin d'écarter les figures dangereuses qui porteraient avec elles l'invasion et le crime.

Alors que, en bas, dans les villes, l'insécurité a un visage, une histoire et se transmet dans des récits dont les dossiers judiciaires gardent la trace, en haut règnent les bureaucraties transnationales qui ne connaissent que les catégories qu'elles produisent. Dans cet « archipel des polices » qui tisse une « toile mondialisée de surveillance [15] », le contrôle est une fin en soi. L'influence d'une criminologie exportée des Etats-Unis, fondée sur des calculs de probabilité et des évaluations de dangerosité, ne cesse de progresser. Le couplage entre immigration et terrorisme donne une consistance objective aux menaces diffuses. A une extrême déterritorialisation – où l'insécurité est gérée par des comités d'experts – correspond une reterritorialisation par le bas – où la sécurité est rendue aux citoyens.

A l'échelle européenne, le vieux pacte hobbesien – ce moment où les citoyens désarmés demandent à l'Etat de les protéger – revit donc avec une force singulière. Là, dans l'espace de la coopération intergouvernementale où aucune opinion publique ne peut porter ses regards, l'Etat Léviathan retrouve sa vocation première. Il semble ignorer la progression des droits individuels que connaissent les démocraties européennes. On mesure les conflits qui peuvent naître de ces deux mouvements contradictoires. Qu'est-ce que la politique d'immigration, si ce n'est la scène permanente de ce conflit ? L'Etat légifère pour une poussière d'individus sans visages, alors que, au quotidien, devant appliquer cette loi, le juge fait l'expérience singulière de son injustice. Comment n'aurait-il pas le sentiment d'être l'instrument d'un droit formel, alibi d'une raison d'Etat ? Ainsi des fameuses « audiences du 35 *bis*[16] », où il voit plus de trente dossiers par demi-journée. On ne saurait mieux bander les yeux de la justice. Faut-il chercher ailleurs la volonté actuelle du juge français, prenant à revers toute une tradition politique, de peser un peu plus sur le débat entre l'ordre souhaitable et le désordre intolérable ? Comment s'en étonner, dès lors qu'il sanctionne des individus qui auront toujours pour lui un visage, une histoire, une identité ?

II

Quelles frontières entre justice et politique ?

Qui se souvient encore de l'affaire Caillaux ? Ce scandale, point de départ de bien d'autres, ébranla la IIIe République à la veille de la Première Guerre mondiale. De quoi s'agit-il ? Toute l'affaire part de l'arrestation d'un banquier douteux, Rochette, qui avait ruiné d'innombrables épargnants. Le gouvernement, qui se targue de protéger l'épargne publique, veut faire toute la lumière. Une commission parlementaire, présidée par Jaurès, est nommée. Mais les réseaux qui lient avocats, parlementaires et milieux d'affaires préparent un contre-feu. Caillaux, alors ministre, craignant des révélations, sollicite du procureur général Fabre le report de l'audience où doit comparaître Rochette. Le but avoué est de faire durer le procès suffisamment longtemps pour plaider la prescription. Mais le procureur vit un véritable cas de conscience, qu'il exprime dans un petit mémoire. L'affaire explose au grand jour quelques années plus tard. Au beau milieu d'une campagne de presse, qui mettait en cause son mari, la femme de Caillaux assassine le directeur du *Figaro*. Le document du procureur Fabre est lu à la tribune de la Chambre. L'affaire Caillaux devient une affaire d'Etat où se lit toute la décomposition d'un système : épargnants sans recours, hommes politiques corrompus, journalistes vénaux, magistrature servile... Le garde des Sceaux s'exclame à la Chambre : « Ah ! la magistrature manque d'indépendance ! Mais que se passe-t-il donc dans les ministères ? J'y suis allé, dans les ministères et celui de la Justice. La nomination de ces magistrats, leur avancement, leur carrière, *leur vie est tout entière* entre nos mains[1]. »

On ne saurait mieux dire. Depuis deux siècles, en France, le pouvoir politique conjugue sans états d'âme l'indépendance des juges et la soumission de la magistrature. Il suffit à la magistrature d'être vénérée pour son indépendance : « Les juges ne sont-ils pas inamovibles ? » s'étonnera la commission Jaurès en rendant son rapport. Quand la conjoncture politique devient difficile, le système se lézarde. Le cas de conscience du juge est un signe qui ne trompe pas. « Au moindre faux pas, on m'aurait frappé », avoue le procureur Fabre dans son mémoire. C'est que, depuis l'Empire, en passant par la IIIe République et jusqu'à une date récente, l'ordre judiciaire n'a pas grand-chose à refuser au pouvoir politique. Derrière les garanties affichées, de l'Empire jusqu'à la République, nul n'a hésité sur les moyens d'obtenir une justice aux ordres. En temps ordinaire, cette dépendance est entretenue par l'attrait des postes. Que ce système dérape, et les scandales émergent comme autant de tentatives d'étouffement mal réussies. Que la justice devienne moins maniable, et un flux de juridictions d'exception la contourne. Voilà l'histoire dont nous héritons.

Aujourd'hui, la magistrature est dans l'Etat le lieu géométrique où s'opère une inversion des pouvoirs. En ne craignant plus de juger les puissants, les juges rétablissent *de fait* une séparation des pouvoirs totalement absente de notre culture politique. Cette émancipation est liée à un réaménagement des pouvoirs où le judiciaire monte en puissance, face à un Etat affaibli. Le tournant historique qui s'annonce est saisissant. Tout se passe comme si cette justice avait vécu jusqu'à présent dans un temps sans rupture au service d'un Etat monarchique, impérial et républicain, qu'elle sert dès lors que ce dernier sait la rétribuer. On voit ainsi la puissance de l'Etat croître, puis se stabiliser, triompher des conflits, punir les ennemis, asseoir sa légitimité avec le soutien sans défaillance de la magistrature. Comment un monde judiciaire aussi immuable a-t-il pu connaître une telle évolution ?

A. Une situation politique inédite

Entre justice et politique, l'affaire est entendue dès 1815. A cet instant, l'épisode révolutionnaire de l'élection des juges a fait long feu. La Révolution, en canonisant la loi issue de la volonté générale, crée le seul contrepoids qui tienne face à la légitimité monarchique. Sa légitimité absolue est sans rivale. Subsiste pour longtemps l'idée que la justice est une fonction d'application de la loi sans pouvoir d'interprétation et, *a fortiori,* de création normative. Avec l'an VIII, au moment du Consulat, s'installe pour près de deux siècles un corps judiciaire administré par l'exécutif, au moyen de juges hiérarchisés, nommés et gérés par lui. Juger deviendra une tâche de service public accomplie par un corps de fonctionnaires spécialisés. Fait lourd de conséquences pour l'avenir, la maîtrise de la justice est obtenue par la gestion des carrières et non par la limitation de ses pouvoirs. On veut non un juge libre et impuissant, mais un inquisiteur que l'on surveille. Soumis au pouvoir, il sera terrible au justiciable. « Dur comme le granit, souple comme les joncs, valetaille à genoux sous le poids de l'épée », disait Hugo tout à sa haine de cette magistrature[2]. C'est parce qu'il est sous contrôle qu'il continue de régner sans partage sur un système pénal, dont il dirige la police et d'où l'avocat est absent. Les racines de cette puissance confiée à la seule magistrature sont profondes : l'Empire hérite de la monarchie et lègue à la République cette figure d'un juge tout-puissant *parce que* soumis. Sa force ne sera redoutée que des ennemis de l'Etat. Aucun régime n'aura la naïveté de se priver d'un tel atout. Nul ne pouvait penser que cette tutelle, en se relâchant, ébranlerait tout l'édifice en libérant un pouvoir invisible parce qu'enchaîné.

Tant qu'elle est ainsi conçue, la justice n'a pas d'autre légitimité que d'appliquer la loi dans la direction souhaitée par un pouvoir démocratiquement élu. De manière à se protéger de tout débordement, une frontière est instaurée pour protéger l'Administration des tribunaux. Singulière séparation des pouvoirs ! Pour rendre la frontière totalement étanche, les fonctionnaires se jugeront en quelque sorte eux-mêmes et, de surcroît, avec leurs propres normes, car, selon la théorie du ministre-juge, *juger c'est aussi administrer.* Au nom de cette loi d'équivalence, la France connaîtra donc une séparation des pouvoirs à l'envers, qui a pour but de protéger l'Administration contre les empiétements du judiciaire et non de préserver l'indépendance de ce dernier face à l'Etat. Cela n'a rien d'étonnant. Dans notre culture politique, la souveraineté ne forme qu'un seul corps incarné par l'Etat administratif, son noyau symbolique. La justice est une branche parmi d'autres de cet arbre aux profondes racines. Tout au long du siècle, cette magistrature, élevée au rang d'un sacerdoce et maintenue par Napoléon dans des rituels d'un autre temps, sera régulièrement épurée et son inamovibilité suspendue, sans parler des justices d'exception. Véritable conservatoire de la société bourgeoise, cantonnée à la défense de la propriété et de la famille, la justice pèse bien peu face à une Administration façonnée par trois siècles d'absolutisme. « L'Administration est tout dans un système politique où il n'y a point de balance », disait déjà Necker. La fondation de l'an VIII ne laisse à la justice d'autre alternative que de se fondre dans cette souveraineté sans partage, pour garder une identité.

Peu de choses, pour l'essentiel, changeront ensuite. La servilité des juges devient la référence obligée de tout débat sur les rapports entre justice et politique. La IIIe République sera indifférente à l'égard du judiciaire et la IVe instaurera un Conseil supérieur de la magistrature (CSM), vite réduit à néant. La République ne s'est jamais dépouillée d'une telle puissance asservie. Alors qu'elle libéralise le divorce et vote les grandes lois protectrices des libertés pour la presse et les associations, la procédure pénale garde ses traits d'Ancien Régime. « La vérité, concède Claude Nicolet, est que les républicains au pouvoir dans ce domaine comme dans d'autres ont préféré contrôler politiquement et utiliser une institution plutôt que la réformer[3]. » Sans doute peut-on le comprendre tant que l'instabilité politique fut forte. Mais rien ne change quand la République atteint des rivages plus tranquilles après 1875. Pas davantage en 1946. La réforme de 1958 ne fera que réactualiser la tradition de dépendance. Tout le dispositif reste en place : une carrière où l'avancement est aux mains du politique ; un parquet qui surveille la machine de l'intérieur et répond de sa docilité ; un recrutement par recommandations, ce qui permet d'identifier les « bons » juges, ceux qui montent ; et, une fois ces garanties prises, une procédure pénale totalement aux mains des juges, face à des avocats payant de leur indépendance légendaire une absence quasi totale de pouvoirs. Balzac résumera ce paradoxe d'un juge dont l'obéissance est la condition de la puissance, à travers les figures opposées de Popinot et de Camusot. Ces deux juges d'instruction, dont le premier exerce un apostolat secret et le second conduit une carrière avisée, seront pourtant tous deux dominés par les intrigues politiques [4]. Si la justice est la figure absente de la République, on comprend aisément que la tutelle des juges soit sa passion la plus constante. La totale indifférence de l'opinion, voire son hostilité déclarée, scelle le silence tragique d'un juge réduit, selon le mot de Balzac, à une « pâle machine à considérants ».

Vraie et fausse justice sous la Vᵉ République

1958 est le dernier grand moment où la réforme de la justice vient à l'ordre du jour [5]. Les termes du débat sont posés par Michel Debré : réformer la justice signifie rénover la magistrature pour renforcer le pouvoir de l'Etat. La modernisation de l'organisation judiciaire et du statut des magistrats répond à cet unique souci. Il s'agit, au fond, d'offrir à l'Etat une magistrature digne de lui. Sa place se trouve tout naturellement dans un exécutif rebâti autour d'une élite administrative édifiée contre un Parlement rationalisé [6]. Le juge n'est rien d'autre que l'image – interne à la justice – de la puissance de l'exécutif dans l'Etat. On rénove les structures, mais on ne touche pas aux pouvoirs. Fait significatif, les réformes de procédure pénale de 1958 ne remettront nullement en cause le vieux système inquisitoire. La réforme de la justice s'inscrit dans un plan d'ensemble, qui vise avant tout à doter le nouveau régime d'un pouvoir d'Etat – une « puissance *armée* pour l'action », dira de Gaulle – contre le pouvoir parlementaire à la fois moralement discrédité et inapte à agir.

Dans le nouvel édifice républicain, la justice change simplement de maître. La réforme de l'organe gestionnaire de ce corps, le Conseil supérieur de la magistrature (CSM), est le point d'articulation de ce changement. En 1958, le projet est très clair dans l'esprit de Michel Debré : faire passer le CSM de l'emprise des parlementaires à la tutelle du président de la République. La justice n'a de sens que par cette immersion dans ce nouvel exécutif qui capte désormais toutes les autres légitimités, celles du gouvernement qui en procède et du Parlement lié par le fait majoritaire. Le chef de l'Etat préside le CSM, nomme tous ses membres et dirige la magistrature conçue comme une administration régalienne. Et, comme pour mieux affirmer cette conception d'un « service public judiciaire », le Conseil d'Etat décide que les décisions disciplinaires relèvent de son contrôle. Le cercle se referme. Intégrée dans le pouvoir exécutif comme une autre administration, dont elle se distingue par la tutelle directe du chef de l'Etat, voilà, en substance, l'« autorité judiciaire » de la Constitution de la Ve République. Conjurant le double danger de corporatisme judiciaire et d'un régime d'assemblée, l'indépendance du juge est placée sous l'égide du président, qui en est le

« garant ». Mais cette protection ressemble fort à une étreinte fatale. Les conséquences qui en résultent pèsent lourd, rétrospectivement. Que l'on se souvienne, dans les années 1960, des silences de la justice au moment de la répression de Charonne, des centaines de plaintes restées sans réponses et de la fameuse conférence de presse de 1964, où culmine un pouvoir gaulliste sans partage. Quand, en 1975, Jean Lecanuet se fâche contre un « petit juge » qui incarcère un patron, il ne réagit pas autrement qu'Henri Nallet ou Georges Kiejman au moment de la perquisition du siège d'Urba en 1991. Notre République, ignorante de toute séparation des pouvoirs, avait en quelque sorte programmé ces responsables politiques pour qu'ils agissent ainsi. Telle est la grammaire transmise par notre culture politique, où le juge est au service du prince, tandis que le droit reste l'impensé de la République.

Est-on en présence pour autant d'un Etat sans justice ? Non, car la contradiction de la République est de nier le pouvoir judiciaire tout en nourrissant une seule vraie justice, celle du Conseil d'Etat, juge et conseil du gouvernement. Censeur des actes du gouvernement, il est aussi son plus proche collaborateur. Le rôle de ce juge-fonctionnaire dans la création du droit n'est guère comparable qu'avec celui des cours de *common law.* C'est parce qu'il incarne la figure d'un Etat se jugeant lui-même que son prestige est grand et son indépendance totale. Voilà pourquoi il est un véritable double inversé de la magistrature. Alors que le judiciaire, paré des attributs de la justice, est de fait assimilé à un service public, le Conseil d'Etat n'est une véritable juridiction qu'en raison de son lien avec le politique. La mesure de sa liberté est contenue dans cet attachement indéfectible. Qu'il franchisse un seuil, et l'exécutif lui rappelle sa vraie place, comme l'a montré la réforme prise à la suite de l'arrêt Canal[7]. Son ascendant sur l'Etat vient de sa connaissance intime de l'Administration, ce qui lui permet de le lier à une éthique hors de tout texte écrit au moyen de principes généraux du droit[8]. A défaut d'un Etat de justice, nous avons, grâce à lui, un Etat administratif plus juste. Signe de cette liberté, le commissaire du gouvernement – équivalent du parquet dans l'ordre judiciaire –, qui sut faire évoluer, avec une grande liberté, le droit administratif souvent contre l'Administration elle-même. Mais, plus encore, les instruments éthiques et juridiques forgés par le Conseil d'Etat ne cessent d'essaimer. L'invention des principes généraux du droit est prolongée par le Conseil constitutionnel. Son usage du contrôle inspire la Cour européenne des droits de l'homme. L'éthique du *self restraint,* ce principe de retenue propre à l'acte de juger, se retrouve dans la technique d'un contrôle limité à l'annulation d'un acte. De l'intérieur de l'Etat et issu de lui, ce juge a forgé les outils conceptuels qui, aujourd'hui, forment un capital d'identité pour une justice qui, sans tradition d'indépendance, cherche à exister à bonne distance de l'exécutif. Mais sans doute aussi la création d'un ordre juridictionnel propre à l'Administration n'a guère favorisé en France l'émergence d'un Etat impartial. Comment l'Etat peut-il connaître ce qu'est une règle de droit – externe et indépendante –, tant qu'il sait qu'il dispose de « son » juge ?

Le conflit des pouvoirs

La question est bien là : comment a pu se desserrer un lien aussi indissoluble entre le juge et l'exécutif ? Aucun précédent n'y préparait. Les brèches ne se sont ouvertes que peu à peu. La rupture est d'abord venue des lieux de transmission, où s'est forgée peu à peu l'image d'une autre identité que celle d'une bureaucratie grise et impuissante. La création d'un lieu de formation des juges, annoncée en 1906, ébauchée en 1958, puis effective depuis 1972, instaure une rupture à deux niveaux. Elle correspond d'abord à la volonté de dégager le recrutement du vieux système des « recommandations », où les nominations et les carrières se faisaient selon un jeu d'influences et de parrainage où le seul critère était la docilité politique. Mais surtout l'émergence du syndicalisme judiciaire de gauche – le Syndicat de la magistrature, créé en 1968 au sein de l'Ecole nationale de la magistrature – servira de miroir à une justice honteuse de ce que la République a fait d'elle : mainmise sur les carrières, oubli de la délinquance financière, poursuites sélectives et tutelle étroite sur les parquets... Dans ces années, l'apparition d'une conscience critique à l'égard du pouvoir dénonce clairement ce que la justice est devenue depuis deux siècles : un service extérieur de l'Etat, piloté par instructions et directives. Cet effet de miroir change le regard porté par la société sur la justice et celui des juges sur eux-mêmes. Les premières alliances avec la presse font alors émerger une pensée libre, mais incongrue, dans un système politique dominé par le fait majoritaire, l'absence d'alternance et un rôle encore embryonnaire du Conseil constitutionnel. Mais cette croissance lente s'est faite dans une culture d'Etat où le pouvoir de ces juges-fonctionnaires recrutés à vingt-cinq ans par concours paraît étrange et barbare. On découvre avec effroi que le pouvoir de juger s'exerce, au fond, librement, dès lors qu'il est conçu par un homme libre. La possibilité d'un telle alternative cristallise l'image des juges « rouges » dans ce qui paraît être tout à la fois une révolte d'adolescent et un complot idéologique, bref une déstabilisation de l'Etat d'autant plus dangereuse qu'elle vient de l'intérieur.

A ce changement de mentalité de la magistrature s'ajoute l'évolution spectaculaire du Conseil constitutionnel. Que les privilèges du légicentrisme soient ébranlés au même moment n'a rien d'un hasard. La Ve République avait jusque-là cantonné le domaine du Conseil constitutionnel à la protection des compétences de l'exécutif. Sa dynamique ultérieure prend à contre-pied toute la construction initiale. Rien ne pouvait prédire qu'un juge s'arrogerait le pouvoir de contrôler la loi, ni l'inébranlable tradition positiviste, ni la volonté politique des différents gouvernements, ni surtout les fondateurs de la Ve République, qui voulaient faire du Conseil le rempart de l'exécutif face à l'hégémonie parlementaire. Il est significatif que la date de naissance de cette juridiction soit l'œuvre du Sénat, seul organe de la Ve République qui échappe au fait majoritaire et donc plus libre de faire jouer son rôle au Conseil constitutionnel[9]. C'est ce jeu de différenciation qui permet à la décision de 1971 d'affirmer le contrôle de la conformité des lois au bloc de constitutionnalité. Tout cela se fait, par-delà les alternances, en s'appuyant sur les acquis des principes généraux du droit. C'est, ensuite, parce qu'il exerçait sa fonction à l'épreuve du temps et quelles que soient les majorités politiques, que l'acceptation de son rôle a pu se réaliser.

Par la suite, le mouvement se fige quelque peu. L'adhésion de François Mitterrand à la Ve République s'inscrit dans la ligne de notre culture politique. Derrière la dénonciation violente du « coup d'Etat permanent », Mitterrand s'attachait surtout à dénoncer la légitimité gaullienne, non les institutions qui la soutenaient. Son légalisme républicain le conduisit à faire une confiance absolue à la loi comme instrument du changement de la société, non à la justice, qui le laissait indifférent. Son seul souci fut de purger la mémoire républicaine des temps barbares où sévissaient les juridictions d'exception et la peine de mort. Mais, là encore, la symbolique mitterrandienne est liée à la loi qui purifie le passé, non à une institution qui lierait la collectivité à une refondation politique. Il fallait, pour cela, une audace que celui qui a fait sans doute un usage plus monarchique que jamais de la Ve République ne pouvait concevoir[10]. Ainsi, la réforme décisive du CSM a toujours fait partie des propositions du candidat François Mitterrand, mais n'a été réalisée que par le gouvernement Balladur lors de la deuxième cohabitation en 1993[11]. Et la croissance spectaculaire du Conseil constitutionnel, qui a accompagné toutes ces années, s'est faite en dehors de toute réforme – malgré une tentative avortée par le Sénat en 1989 –, par la seule dynamique de l'institution. Le conflit de 1993 entre le Conseil et la majorité exprime bien cette position. Face à la censure du Conseil sur le droit d'asile, le Parlement dut tenir un « lit de justice » en congrès à Versailles pour le requalifier comme un droit souverain de l'Etat. Mitterrand n'aura aucun mot sur ce projet pour soutenir le Conseil. « Si fortes que sont les exigences de l'Etat de droit, dira-t-il en réponse à Robert Badinter, il y a un certain équilibre à respecter au-delà duquel on s'expose à porter atteinte aux prérogatives de la représentation nationale[12]. » On ne saurait mieux défendre les privilèges de la souveraineté parlementaire contre toute velléité de contre-pouvoir.

La résonance du conflit de 1993 est un signe. Que le juge n'ait pas le dernier mot face à la représentation nationale est fort normal en démocratie. Mais on devine qu'un équilibre nouveau se cherche encore confusément entre les pouvoirs. Avec la réforme du CSM, la même année, la magistrature échappe, pour la première fois, à la gestion de l'exécutif. Parallèlement, la multiplication des affaires de corruption politique illustre la naissance dans la magistrature d'une détermination inédite. Le temps de la revendication incantatoire d'indépendance semble bien révolu. La fonction de juger ne se conçoit plus dans l'horizon d'un rapport hiérarchique avec l'exécutif ou d'une soumission aveugle à la loi. Au sein de ce pouvoir, les fautes deviennent visibles, appellent un jugement, mais trouveront-elles un juge ? Rien n'est moins certain. Les conflits justice-exécutif se multiplient à propos des nominations[13]. Prenant à revers toute une histoire, affaire après affaire, les magistrats rompent avec l'exécutif et ébauchent devant l'opinion ce qui s'apparente à un véritable contre-pouvoir. L'héritage de leur altérité culturelle et politique devient un atout. Jamais nous n'avions connu l'équivalent de cette tribune permanente, où la magistrature – pour le meilleur ou pour le pire – devient aujourd'hui un acteur de la démocratie.

Les deux figures de l'Etat

Au milieu d'une telle révolution, une chose reste intacte : le pouvoir pénal. Ce pouvoir, jadis nommé par Montesquieu « puissance de juger », surplombe cette évolution tumultueuse et se durcit au contact d'une société médiatique. Au fil des initiatives prises, la magistrature – et la société qui la saisit – s'empare de ce pouvoir que l'exécutif a laissé intact entre ses mains. Le masque d'une justice fonctionnarisée et soumise à l'exécutif s'efface devant un *double décrochage* : alors que le pouvoir pénal restait depuis toujours la « ceinture de force » de l'Etat, voilà qu'il s'en détache dès lors que les juges s'autonomisent par rapport à l'exécutif. Une autre justice naît à la rencontre de deux forces, l'*autonomie acquise* et la *puissance maintenue*. C'est sous l'effet de cette dissidence par addition de puissance que tend à se renverser le monopole pénal de l'Etat : la justice cesse de surveiller la société pour le compte du pouvoir politique et étend son contrôle à ce même pouvoir.

Quels sont les points forts de ce renversement ? Le fait le plus spectaculaire est l'extension qualitative de l'intervention de la justice, qui traduit un *changement d'échelle* de son aire d'influence. Jusque-là, elle traitait les affaires à résonance politique au moyen d'un triple filtre : juridique (droit pénal administratif), institutionnel (la négociation plus que les tribunaux) et procédural (en raison de sanctions discrètes) [14]. Or, cette gestion des illégalités propre aux élites dirigeantes, sur un mode à la fois disculpant et dédramatisant, semble elle-même bien atténuée. Tant qu'il s'appliquait à de pauvres gens ou à tous ceux qui n'avaient que leur corps à donner à la justice en échange de leurs actes, ce pouvoir n'avait aucune visibilité. Il vivait dans l'opacité des destins singuliers et des corps résignés à subir leur peine sans protester. A partir du moment où le type d'affaires traitées par la justice touche les élites dirigeantes, ce pouvoir, jadis « invisible et nul » – selon le vœu de Montesquieu –, devient en même temps *visible* et *inacceptable*. Cette extension réactive un pouvoir pénal, mis en sommeil par une utilisation soigneusement filtrée. Dès lors que la justice touche des destins publics construits sur des images, toute accusation est potentiellement une souillure indélébile. Une décision juridiquement mineure peut devenir à tout moment, pour peu qu'elle ait une visibilité médiatique, une sanction sans appel. Ainsi, pour un préfet mis en examen, la présomption d'innocence n'a guère de sens, dès lors qu'il est immédiatement déplacé. L'unité organique de la souveraineté qu'il incarne est fragilisée par la seule visibilité de l'atteinte, proportionnelle à sa représentativité. Le résultat n'est guère surprenant : tout un monde administratif, quelque peu innocenté de ses fautes par un contrôle exclusivement interne, est maintenant sous la coupe d'un droit pénal d'autant plus ignoré qu'il n'était, jusque-là, fait que pour les autres. « Le droit pénal permet la mise en cause des hauts fonctionnaires d'autorité. Nous l'avions simplement oublié... [15] »

Le fossé entre les univers professionnels – le monde des juges et le monde des élites – ne fait que durcir les positions en présence. Derrière le discours de façade, selon lequel il faut laisser les juges « faire leur métier », l'hostilité latente à cette magistrature s'enracine dans des cultures antagoniques. Les élites françaises fondent leur conception de l'intérêt général sur la raison et non sur la confrontation des intérêts. Tous les grands serviteurs de l'Etat véhiculent l'idée du « gouvernement rationnel », où la modernisation politique est l'œuvre du savant et de l'expert. Alors que le monde judiciaire est formé au droit privé, les gouvernants sont économistes et familiers du droit public. L'un vient des classes moyennes à dominante provinciale, les autres sont apparentés au cercle étroit des élites parisiennes. Les deux appartiennent à l'Etat, mais l'un exerce son pouvoir sur la société elle-même, les autres excellent dans la gestion administrative et financière. La prise de décision du juge est liée au débat contradictoire et à l'argumentation juridique, alors que la décision administrative se déduit d'un calcul de rationalité. Tout oppose le débat judiciaire à la décision nullement débattue, mais souverainement imposée par une élite éclairée. Dans la justice, la notion d'impartialité est centrale, alors que, dans la haute fonction publique, à l'inverse, la familiarité avec l'Administration est jugée indispensable pour bien la juger. Une absence totale de passerelles entre le monde des juges et celui de l'Etat épaissit cette méconnaissance mutuelle.

Une telle différence de cultures rappelle les deux figures de l'Etat, dont l'une a triomphé historiquement de l'autre. « La justice suppose le procès, la mise en regard des parties, la sentence rendue *a posteriori*, la digitalisation et la capillarité de l'action, la loi commune. A l'opposé, l'Administration requiert l'arbitrage *a priori*, l'autorité, le commandement. Alors que la justice met en scène le calcul des intérêts opposés et procède par sommation et débit, l'Administration projette l'arbitrage d'une volonté qui ne convoque pas ses administrés ou ses assujettis[16]. » Héritiers – parfois à nos corps défendants ! – de cette culture de l'Etat, nous ne sommes guère préparés à comprendre les déplacements qu'opère la progression politique du juge.

B. Un Etat affaibli

Mais de la seule émancipation de la magistrature ne peut naître une justice plus autonome. Il y faut des raisons qui touchent le système politique tout entier et les valeurs qui l'habitent. La naissance d'un tel pouvoir en France est aussi le fruit de l'érosion de cette culture de l'Etat, qui le rendait apte à assurer les grands arbitrages. Quand, sur fond de mépris du droit, ni l'éthique qui la soutient ni les contrôles qui la limitent ne sont suffisamment forts, comment s'étonner de l'émergence d'un pouvoir judiciaire ?

Le mépris du droit

« Que nous semble vraiment le droit ? Une règle commode ou contrariante qu'il faut tâcher d'exploiter ou d'écarter[17]. » Le culte de la légalité, comme le suggère Jean-Denis Bredin, nourrit en France une ignorance teintée de déconsidération, voire d'hostilité, à l'égard du droit. Assimilé à la loi, le droit est l'instrument privilégié du changement social. Il est interprété, détourné ou transgressé pour servir de nobles causes qui ont pour nom raison d'Etat ou intérêt général. On oppose souvent, à tort, cette exception française aux seules cultures juridiques anglo-saxonnes. Or, tout nous oppose à l'Allemagne où le droit est un véritable « monument mythique de l'unité nationale » en osmose avec la culture populaire [18]. On oublie qu'avant de devenir les conteurs que l'on connaît, les frères Grimm étudièrent le « poème sérieux » de la littérature juridique dans leurs *Antiquités du droit allemand*... Alors que les légistes français ne sont que des techniciens d'un ordre étatique au service du prince, en Allemagne, un droit à fort ancrage social vit parallèlement à la loi. Déjà Ledru-Rollin reprochait à l'école historique allemande sa conception fataliste du droit et sa volonté de « nier le politique ». L'antijuridisme français récuse toute autonomie normative de la société et n'accepte le droit que déduit d'une raison abstraite et universelle. La pensée républicaine affectionne le temps prométhéen du volontarisme politique, non le temps de longue durée d'un droit mûri par la jurisprudence. Le seul droit qui soit reconnu est le droit de participer au pouvoir par le suffrage universel. Les droits subjectifs de l'Etat providence, qui prolifèrent aujourd'hui, puisent à la même matrice de souveraineté.

Mais, à la différence de la culture allemande, qui s'est identifiée à ses coutumes ancestrales et populaires puis à un patriotisme constitutionnel après la guerre, la France ne peut mobiliser un tel référent commun. A elle seule, l'ambition d'une codification, qui réunirait le tout du droit dans un seul texte complet, exhaustif et non contradictoire, résume notre culture juridique. Le droit doit pouvoir être embrassé d'un seul regard par le prince. Il tient le langage de la souveraineté accessible aux seuls experts qui l'entourent. Progressant sans cesse par grandes synthèses législatives, il n'est légitime qu'au service d'une représentation de l'avenir. Le seul droit respectable et enseigné aux élites est, en France, celui de la souveraineté – le droit public – non celui de la société civile. Jamais n'apparaissent les mécanismes de production du *droit réel* où s'entremêlent conflits, marchandage et négociation. De là vient l'oubli d'un autre droit, celui qui est effectivement utilisé, mais que nul n'enseigne, tant il est multiforme et, au bout du compte, honteux. En apparence, on honore une vision absolutiste de l'intérêt général à l'abri de laquelle les tractations se déroulent. Dans les faits, le droit est tissé de textes de circonstance, dont le juriste est l'ouvrier obéissant et malmené. Résumée à la référence quasi incantatoire à la loi et vouée, au quotidien, à un droit innommable, la France ne pouvait qu'ignorer le juge.

Plus grave encore, le droit n'est, en France, que le masque du pouvoir. A la culture du dédain s'ajoute la vision d'un droit conçu comme une forme de domination mise en œuvre par la corporation irresponsable des juges. Tout se passe comme si les imprécations antijudiciaires du Hugo des *Années funestes* résonnaient encore dans le paysage intellectuel français. Bien des intellectuels, de Foucault à Bourdieu, théorisent purement et simplement la justice comme une domination douce. Le droit n'est, pour eux, qu'une forme sociale où s'expriment des rapports de pouvoir qui masquent les conflits de classe. Voilà une image singulièrement fidèle de ce que toute une histoire politique a fait du juriste ! Dans notre imaginaire, il demeure celui qui justifie les ignominies du pouvoir. Comme le dit perfidement l'Hector de Giraudoux à son conseiller Busiris : « Forge-nous une vérité. Si le droit n'est pas l'armurier des innocents, à quoi sert-il[19] ? »

Une morale publique défaillante

Si le droit est dédaigné à ce point, quelle est l'âme de l'Etat en France ? Son Administration. Dans une profession de foi qui fit date, François Bloch-Lainé déplorait déjà que l'Administration soit devenue le tremplin d'une carrière politique et non le lieu d'un « pouvoir critique » au sein de l'Etat. Plus de trente ans après, l'Administration est loin d'incarner un contre-pouvoir, à l'image de ces « magistratures indépendantes » qu'appelait de ses vœux Bloch-Lainé pour régénérer l'Etat[20]. Cette force de l'Etat n'est qu'un pouvoir instrumentalisé, oublieux de ses vertus d'antan. Ses facultés d'expertise sont affaiblies par la politisation de la haute Administration, alors que les grands corps deviennent des tremplins pour une carrière personnelle. Il est significatif que les cinq causes structurelles de la corruption en France, relevées par Yves Mény, soient liées aux dysfonctionnements de son Administration : concentration des pouvoirs aux mains de l'exécutif ; système de clientélisme autour du grand « cumulant » ; usage généralisé de la négociation ; faiblesse des contrôles ; crise des valeurs de la République[21]. Brusquement, avec le développement des « affaires », apparaît l'image d'un monde politique dominé par le spectre de la trahison des élites, en rupture totale avec le miroir d'excellence qu'elles offraient. La faille est profonde, car sont minés à la fois la confiance, cœur du pacte démocratique, et l'édifice de l'Etat, qui le soutient. La corruption s'infiltre grâce à l'indifférenciation des compétences et s'épanouit dans le mélange des pouvoirs. La loi n'est pour elle qu'un « risque » à contourner. Ainsi s'éloigne toute référence aux catégories du droit qui pourraient rétablir les frontières brouillées du politique.

Souvenons-nous des affaires Noir-Botton et Carignon. Que révèlent-elles ? Certes, d'abord le coût des campagnes électorales, qui fait perdre toute référence à la morale républicaine. Jointe à la crise du militantisme, la recherche d'argent forme un cercle vicieux qui enferme le politique dans une *spirale de délégitimation* : scandales retentissants qui éclaboussent toute la classe politique, refuge de l'électorat vers un parti protestataire et poussée de populisme. Ici, la justice est l'« effet bout de chaîne » qui révèle la perversion du système, et non sa cause. Mais, surtout, ces affaires démontrent l'erreur des politiques, qui veulent substituer à la loi leur sens de l'honneur. La doctrine qui fut celle des circulaires adressées au parquet par le garde des Sceaux suggérait de distinguer deux morales publiques : l'une qui justifie l'enrichissement d'un parti par les nécessités de la démocratie ; l'autre qui le condamne parce qu'elle se fait dans un intérêt personnel. Qu'ont répondu les juges ? Qu'il n'y a pas *deux* niveaux de morale, mais *une* loi républicaine susceptible de s'appliquer à des faits différenciés. La résistance aux directives données aux parquets a ainsi garanti l'extériorité de la loi commune contre on ne sait quelle « loi » interne ou quel esprit de corps à défendre.

Le monde politique découvre, peu à peu, que les valeurs du droit résistent aux stratégies partisanes. En 1990, par la grâce d'une loi d'amnistie, un non-lieu est accordé à Christian Nucci – ministre accusé de corruption dans l'affaire Carrefour du développement –, alors même qu'une commission d'instruction de la Haute Cour allait rendre un rapport accablant pour lui. Comment comprendre et justifier un tel passage en force ? En devenant un simple moyen d'effacer les fautes commises, l'usage de l'amnistie abolit la capacité symbolique de la loi comme moyen de refaire l'unité nationale après un conflit majeur. Que reste-t-il d'un symbole républicain aussi brutalement blessé ? Comment croire que les faits connus, instruits et prouvés, n'ont pas eu lieu, « comme si l'on pouvait effacer la tache de sang sur la main de lady Macbeth[22] » ? La loi souveraine ne masque plus guère, dans une société médiatique, la stratégie d'un pouvoir qui veut plier la réalité à sa seule volonté jusqu'à retirer la trace des méfaits commis. Au nom de quoi ? De l'oubli nécessaire pour réparer les déchirures du tissu social ? Mais peut-on mettre sur le même plan les fautes graves contre la morale publique et la réconciliation nationale après une guerre ? Comment garder confiance en un Etat qui manipule aussi ouvertement sa justice ? Par l'usage imprudent de l'amnistie, l'injustice s'aggrave, la vérité historique est subvertie, l'héritage républicain se dilue dans la stratégie du mensonge. Voilà ce que l'opinion renvoie au politique.

Simultanément l'Etat, confronté à des valeurs concurrentes – le marché, l'efficacité et la compétitivité –, perd ses propres frontières morales. Longtemps, la dénonciation de la centralisation fut le paravent du marchandage régulateur, seule règle du jeu « utile » de tout rapport avec l'Etat. Ce compromis historique, par lequel il a gouverné d'en haut la société tout en respectant les sphères locales, s'est peu à peu dissous dans le mouvement de décentralisation. Le système de « régulation croisée [23] » où l'Etat garde la maîtrise des opérations tout en négociant les normes d'application, s'effrite avec l'ouverture à un partenariat plus vaste. Inévitablement, à la faveur de cette redistribution des influences et du pouvoir, des zones sans régulation se multiplient. L'immense majorité des affaires de corruption se situe à la charnière de la gestion administrative et du marché, au moment de transférer à l'initiative privée des secteurs jusque-là gérés par l'Etat. Or, une démocratie repose sur un consensus autour de telles frontières, que tous s'engagent à respecter. Si l'Etat perd ses points d'appui moraux, que reste-t-il ? L'effondrement des codes en vigueur parmi les élites dirigeantes ébranle les bases d'un système qui tient par des mythes fondateurs. Là où la morale publique était soutenue par une série de *normes intériorisées* par les professions (intérêt général, sens du service public, respect de la compétence...), elle était apte à réguler ses propres déviances. Quand l'illégalité est acceptée, stigmatisée et plus ou moins tolérée, quand l'alchimie culturelle qui fait tenir ensemble ces limites se délite et que les régulations internes ne fonctionnent plus, comment s'étonner que la justice entre en scène ?

S'il est vrai que la règle du jeu change, il faut du temps pour que les nouvelles règles soient intériorisées et que les nouvelles frontières se reforment. Quand le « coût moral » de la fraude est inexistant à l'intérieur, comment s'étonner que les victimes cherchent un lieu qui valide leur plainte ? La montée en puissance des juges y trouve son aiguillon le plus fort. On a beaucoup critiqué, souvent à juste titre, le travail d'investigation pénale, la recherche des responsabilités et les enquêtes sous l'œil des médias. Mais n'était-il pas nécessaire de voir, affaire après affaire, comment la justice reconstruit les frontières entre le peuple et ses représentants, que dissout la corruption politique ? C'est ainsi que, à travers la sanction de son mauvais usage, sont à nouveau identifiés les traits brouillés d'une éthique de la démocratie. Voilà donc celle-ci *visiblement trahie* par ceux qui oublient qu'ils sont les détenteurs précaires et révocables du pouvoir. On se souvient, au moment de l'affaire Carignon, de la stupéfaction de la presse lors d'un débat public sur la mise en détention où l'on put entendre la réalité des faits qui étaient reprochés à l'ancien ministre. Toute la signification démocratique de la sanction est là : « Il a commis l'acte le plus grave pour un élu, vendre une parcelle de son pouvoir à des groupes privés et en accepter des avantages considérables. Le délit de corruption [...] mine la *confiance des citoyens* dans ce métier qu'est l'administration de la cité et, par là, la politique[24]. »

La carence des contrôles

A la faveur de cette mise en cause des élites dans leur capacité à gérer l'Etat sont révélées les failles des capacités d'arbitrage de l'Etat et l'insuffisance de ses contrôles internes. Cette carence devient visible des sommets de l'Etat aux pouvoirs locaux.

A la base d'abord. On mesure aujourd'hui combien la décentralisation a opéré de larges transferts de compétences sans prévoir des contrôles correspondants. Le point de départ, pourtant, était inverse : en confiant aux élus le pouvoir de décision, on voulait les soumettre au seul contrôle *a posteriori* du juge. Or, ce qui domine est non le contrôle, mais le « dialogue » entre le contrôleur et le contrôlé, entériné par le Conseil d'Etat le jour où il a admis que le préfet n'est pas tenu de déférer au juge administratif les actes illégaux qu'il constate[25]. Résultat constaté et déploré par le même Conseil d'Etat : moins de dix déférés par an dans certains départements, une centaine dans d'autres, bref un contrôle inexistant, quand on sait que les collectivités locales transmettent aux préfets quelque cinq millions d'actes par an. Tout le monde semble y trouver son compte : les élus, bien sûr, qui préfèrent la voie douce de la négociation, et les préfectures, qui répugnent à faire le « sale boulot » du contrôle. Le système tout entier légitime l'effectivité de l'action par la mise à l'écart de la règle de droit.

Il ne faut certes pas négliger les mérites de la négociation. Mais force est de reconnaître que cette logique de marchandage n'est guère adaptée aux pouvoirs actuels des collectivités locales, quand on sait que 80 % des investissements publics sont de leur fait. Il suffit de songer aux enjeux de la politique de la ville ou aux investissements massifs en matière d'environnement et d'urbanisation. Aucun contrôle équivalent n'est placé en face de ce pouvoir de décision. Les conséquences ne sont guère surprenantes : timidité des autorités de contrôle face aux élus d'une certaine « surface » politique, faiblesse des saisines des tribunaux administratifs par les préfets, fréquent mépris des décisions quand elles interviennent, sanctions tardives et aléatoires face à des gestions parfois mégalomaniaques. Bref, dans tous les cas, ce sont des « sabres de bois », pour reprendre l'expression d'Yves Mény, alors que ces contrôles sont « l'ultime rempart dans un système caractérisé par un pouvoir concentré, une faible participation et des transactions opaques[26] ». Ainsi persiste une culture de l'arrangement et du contournement de la règle, encouragée au nom d'un rôle pédagogique de l'Etat. A ce niveau, un choix est fait : un contrôle fondé non sur le respect de la règle mais sur la négociation, non sur l'autorité des juges mais sur leur évitement. D'où le double discours : l'un qui affiche la nécessité de respecter la règle et l'autre, dans l'ombre, qui incite à s'en affranchir et à la contourner. Inutile de chercher ailleurs l'explication de la montée en puissance du juge financier et du juge pénal.

Au sommet ensuite. L'actualité récente montre à quel point la légitimité des élites dans leur capacité de gestion est fortement entamée. Les grands échecs de la gestion étatique dans les domaines de la santé, de l'industrie et de la finance énoncent bien ce mal français qui veut qu'un homme soit d'autant moins contrôlé qu'il a plus de pouvoir. Le Crédit Lyonnais se trouve depuis 1994 en quasi-banqueroute. Le Crédit foncier fait état de pertes considérables en 1995. La fermeture à la hussarde de l'usine Renault de Vilvorde par un patron formé à l'école de l'*establishment* frappe l'Europe de stupeur. Les dérives catastrophiques de l'Etat actionnaire sont le fait d'anciens fonctionnaires détachés et non sanctionnés. On découvre que les déboires du Crédit Lyonnais, pourtant placé sous la surveillance de l'Administration, coûteront à chaque foyer fiscal plus de cinq mille francs, soit une somme supérieure à celle que beaucoup devront acquitter au fisc ! Tout cela nourrit le soupçon sur des élites qui, non contentes d'accaparer le pouvoir, l'exercent de plus en plus mal. La crise de confiance se double d'une visible incompétence, quand elle ne se mêle pas d'une franche corruption.

La déroute historique du Crédit Lyonnais, désormais entre les mains des juges d'instruction parisiens, est suggestive : gestion interne défaillante, inexistence des contrôles, absence de tutelle des autorités bancaires et du ministère des Finances… Peut-on comprendre le manque total de vigilance dans les investissements réalisés sans évoquer la disparition des contrôles internes et externes ? Mais comment, entre inspecteurs des Finances, pourrait-on recourir à des moyens aussi mesquins ? Peut-il en être autrement dans un monde où, à la sortie de l'ENA, le plan de carrière est tout tracé : contrôler une entreprise que l'on gérera plus tard d'autant mieux en y étant nommé ? Certes, il y a des délais et des procédures qui encadrent ces glissements du public au privé et en garantissent la déontologie. Mais l'idée que l'on gérera mieux une entreprise que l'on a contrôlée ne traduit-elle pas une valeur propre à un grand corps qui fait l'impasse sur l'impartialité de l'Etat au profit d'une efficacité gestionnaire ? Le couple Administration-entreprises sous tutelle, où les mêmes corps siègent comme contrôleurs et comme contrôlés, n'ouvre aucun espace pour un regard tiers. « De la politique sidérurgique aux plans de redressement d'Air France, de la vente de sang contaminé à la construction d'habitat en zone inondable, on observe toujours la même combinaison de facteurs : l'absence totale de contrôle rendu impensable, car la logique de rang impose de faire confiance[27]. » Comme le suggère ici Luc Rouban, ce qui fait office de contrôle est l'investiture donnée *ab initio* par la formation et la nomination. Aucun autre capital n'est utile pour légitimer nos élites gouvernantes. Fruit d'un fonctionnement autarcique et monopolisateur, comment cette élite pourrait-elle rencontrer l'Etat impartial ? Voilà donc le mal politique français : un monde *sans tiers*, mû par la seule force des réseaux, se cache sous le masque du fonctionnaire intègre. Significative, entre toutes, est l'affaire Botton-Noir. A chaque étape de cette affaire, le public découvre un univers où les réseaux d'amitié traversent l'Etat, la presse et le monde politique d'un « entre-soi » où se prennent les décisions, où l'Administration fiscale garde les dossiers comme monnaie d'échange, où les relations sont tissées de réciprocité et de services rendus, où tout en politique s'achète et se vend, où le privé et le public se confondent[28].

On comprend mieux l'effondrement de la culture de l'impunité entraîné par l'irruption de la justice pénale – la plus étrangère des sanctions possibles – dans un tel univers. Les grands corps de l'Etat se caractérisent surtout par une alliance intime entre le contrôle et la décision, la confusion du juridictionnel et de l'administratif, l'alternance des passages de l'un à l'autre. La puissance de l'exécutif est confisquée par des élites restreintes, dont le pouvoir ne s'est pas démenti en vingt ans et qui ignorent tout contrôle réellement extérieur. Dans l'histoire des relations entre justice et politique, les fautes les plus graves étaient dirigées *contre* l'Etat (crime de lèse-majesté, crime contre la nation), la justice étant investie d'une fonction de défense de la légitimité du pouvoir. Or, dans une démocratie d'opinion, ce sont les fautes *de* l'Etat qui deviennent une transgression scandaleuse. Alors que, jusqu'à présent, le pouvoir judiciaire était l'instrument de la puissance d'un Etat infaillible et élitaire, désormais, cet instrument peut être retourné contre ceux qui en avaient le monopole. Les pouvoirs se croisent et s'inversent, au point que les mots manquent pour cerner ce déplacement de légitimité. Les juges sont-ils dans ou hors de l'Etat ? L'Etat s'identifie-t-il à l'Administration ou est-il aussi défini par la justice ? Peu à peu, une métamorphose de l'Etat s'accomplit. Son bloc compact, en se déchirant, libère un espace pour la justice. Une nouvelle division émerge. Le deuil d'une certaine culture républicaine devient alors inévitable : le politique ne peut plus, au nom de sa souveraineté, prétendre se juger lui-même ou n'être justiciable que devant ses électeurs.

La querelle des légitimités

Ne faut-il pas alors redouter l'irruption en France d'un gouvernement autoproclamé des juges ? Dans un pays où la culture politique est étrangère au droit, où les médiations entre l'Etat et la société civile sont faibles, où le thème de l'insurrection de la magistrature est sans cesse repris par les médias, le mot fait florès. D'autant que, en jugeant les puissants, la justice convertit en instrument d'autonomie un pouvoir pénal que la République lui a confié pour qu'il la défende de ses ennemis. Le retournement imprévu de cette arme contre les élites ne peut que renforcer une autonomie perçue comme la trahison d'un mandat et une usurpation violente. Le « gouvernement des juges », expression du reste inventée par un observateur français de la société américaine, dénonce avant tout un pouvoir dérobé au suffrage universel[29].

L'alternative est radicale : gouvernement des juges *ou* souveraineté nationale. Les interprétations s'opposent terme à terme. Pour les uns, les juges sont les moteurs d'une société contentieuse et, véritable bras armé de la purification, ils veulent briser les politiques, étendre l'hégémonie du droit et engloutir l'intérêt général dans un chantage corporatiste. L'indépendance poussée à son terme contient la ruine de la démocratie. « La dissociation complète entre le droit et la puissance, ou entre le juge et le souverain, ou entre le magistrat et le corps politique, loin de marquer l'*achèvement* de la "modernité juridique", en signifierait plutôt la *fin* et la *ruine*[30]. » Pour les autres, les juges acculent des politiques menacés par les « affaires » à céder du terrain. « Le politique est au pied du mur. Il n'a plus qu'une alternative. Soit accepter une profonde réforme des institutions passant par un rééquilibrage des pouvoirs permettant à la justice de jouer pleinement son rôle. Soit consacrer son énergie à de nouvelles formes de contrôle de l'institution judiciaire. D'un côté, le risque d'un opération *Mains propres*, de l'autre, celui du discrédit dans lequel le plongerait sa relative impunité[31]. » Dans cette lutte stratégique, dont l'imaginaire républicain est la toile de fond, le gouvernement des juges est le double inversé de la souveraineté absolue. Tout se passe comme s'ils étaient tous deux prisonniers d'un antagonisme dont chacun ne peut sortir que par la négation de l'autre. L'émancipation de la justice reste l'otage d'un scénario où les juges doivent forcer les portes d'une République qui leur refuse toute place.

Derrière le conflit des interprétations, une longue histoire vient à son terme. Le long cycle qui fit de la justice, depuis l'an VIII, une branche de l'exécutif semble bel et bien s'achever. D'instance administrative politiquement insignifiante, la justice devient un lieu d'élucidation des frontières imprécises d'une nouvelle démocratie. Son autonomie naissante est pourtant paradoxale, tant elle résulte à la fois d'un ébranlement de l'Etat et de la détermination des juges. Certes, aujourd'hui, le politique comprend que, pris au piège de ses propres fautes, il ne peut se juger lui-même et doit donner naissance à une instance de contrôle neutre et insoupçonnable. Mais la rupture est forte dans une Ve République où la discipline majoritaire d'une Assemblée, devenue « maison sans fenêtre », est la condition de stabilité du régime. Cet équilibre a pour revers la mainmise de ce pouvoir majoritaire sur l'appareil d'Etat et un clientélisme dangereux[32]. Si l'on y ajoute la politisation de l'Administration, notamment à travers les cabinets ministériels, on mesure l'absence de toute distance critique interne. La zone de turbulence est grande, tant la mutation actuelle touche, au-delà de notre culture politique, les fondements mêmes de l'Etat.

III

Le tournant de la pénalisation

L'Etat, on l'oublie trop, ne se réduit pas au cercle étroit des dirigeants politiques. Il comporte une multitude de pouvoirs locaux sur un territoire traversé de conflits entre groupes aux multiples appartenances. La domination des puissances concurrentes de la sienne est le principe même de sa croissance. L'image du racket vient souvent sous la plume des historiens pour décrire la formation du monopole fiscal et pénal de l'Etat. Les hommes, séparés de leurs anciennes appartenances, sont rassemblés en lui et par lui. De la longue guerre de la monarchie contre le morcellement féodal naissent les frontières extérieures qui circonscrivent l'espace de la pacification. Le sillage de cette violence est profond. L'Etat républicain naîtra des massacres de la Commune, et la République bourgeoise y puisera sa stabilité. La paix intérieure vient de l'offre de protection imposée par la violence du Léviathan. Fait trop souvent négligé, ce n'est pas la police, longtemps embryonnaire en France, mais la justice qui œuvre, très tôt, à cette mission de protection. Le lieutenant criminel, ancêtre de notre juge d'instruction, sera le juge-policier de la monarchie. Dans la construction de l'an VIII, le juge d'instruction est un officier de police subordonné au parquet (il le sera jusqu'en 1958) et son activité est décrite au chapitre du Code d'instruction criminel intitulé « De la police ». La justice est en France, *dès l'origine*, l'âme de l'Etat pénal. C'est sans doute la racine de son association sans faille au pouvoir politique : organisation hiérarchique, procédure secrète et pouvoir d'enquête, tout en fait un outil régalien au service de l'Etat.

Cet Etat pénal multiséculaire connaît aujourd'hui un profond ébranlement. Au lendemain de l'après-guerre froide, au moment où les conflits idéologiques s'estompent, comment peut-il identifier son rôle ? Où sont les frontières à défendre ? Inclus dans des appartenances plus larges et plus restreintes, cet Etat ne semble plus avoir de centre. Quel sens donner à la sécurité dont il est le garant ? Le mal est plus insaisissable, à la fois lointain et tout proche. Mal des banlieues, errance des migrants, émeutes urbaines, cités « pacifiées » par la drogue : contre qui doit-on se défendre ? Qui faut-il intégrer ? Certes, l'Etat de justice veut toujours pacifier la vie collective au sein d'institutions justes. Mais cet idéal se brouille au contact d'une communauté politique inquiète de la dissolution de ses liens. En sorte que la justice se trouve confrontée à une demande pressante de sécurité, qui rend singulièrement fragile son autonomie naissante.

A. L'Etat pénal : les fondations ébranlées

Pour comprendre le sens de cette mutation, il faut se souvenir de la scène primitive de l'Etat, telle qu'elle est pensée par Machiavel. La cité se révèle dans les situations extrêmes. Pour être fondée, celle-ci ne peut compter sur une transcendance religieuse. Sa fondation n'est pas acquise d'emblée, mais construite au fil d'épisodes violents, constitutifs de son histoire. Pour survivre, elle doit canaliser les forces contraires, à l'image d'un torrent pris dans des digues, qui peuvent se rompre à tout moment. Ces digues sont les institutions fragiles de la cité, dont le Prince doit sans cesse « se réemparer, ce qui n'est nullement un signe de volonté de puissance, mais la condition nécessaire à honorer à l'égard d'une réalité que l'on ne possède pas comme une propriété définitivement acquise[1] ». L'action politique est le moyen de conjurer le destin tragique d'une cité périssable. On se souvient du passage du *Prince* où César Borgia fait exécuter publiquement Remy d'Orque, qui avait pacifié par les armes la Romagne, afin, en le punissant, d'assurer la paix. « La férocité de ce spectacle, dit Machiavel, laissa le peuple en même temps *satisfait et stupide.* » Le pouvoir procède de cette alchimie et laisse les hommes non pas heureux mais satisfaits, car « s'ils ne participent pas à un bien, ils sont délivrés d'un mal[2] ». En insistant sur l'origine violente du pouvoir, Machiavel découvre que la cité est un univers clos, radicalement détaché d'un ordre transcendant et noué à une volonté commune sans cesse réaffirmée. Nous devenons sujets de cette institution parce que, ayant renoncé à exercer nous-mêmes la violence, nous lui devons notre bien premier, la sécurité que nous décidons de lui confier. Ainsi institué, le pouvoir nous fait passer de l'état d'individu au statut de citoyen dans une cité organisée pour durer.

Punir l'offense faite au souverain

Dans l'histoire européenne, lutte contre la violence et monopole de l'Etat vont de pair. L'Etat va annexer, peu à peu, tous les centres de pouvoir qui pourraient s'opposer à lui. Il va constituer des monopoles qui lui permettent de se penser le référent unique de la société. Il se désigne comme l'appareil de pouvoir où la société va se réfléchir tout entière, dans ses conflits comme dans ses aspirations. L'expression même de ce désarmement de la société au profit de l'Etat culmine avec le phénomène de la *société de cour*, où les preux chevaliers se transforment en une classe de courtisans efféminés au seul service du roi[3]. Le groupe social comme référence est disqualifié. La vengeance comme modèle de la dette d'honneur disparaît au profit des devoirs envers l'Etat. Les délits publics, qui marquent toute violence d'une atteinte à la souveraineté de l'Etat, se multiplient. L'*infraction* nommée s'attaque aux fondements du pouvoir et justifie les *peines* telles que les supplices et bannissements. L'Etat enferme la société entre ces deux pôles.

Dans un triple geste fondateur, il dépossède la société de la gestion de ses conflits, confisque à son profit l'offre de protection et impose sa loi par sa justice. Résumant à lui seul la paix, l'Etat peut ainsi désigner toute désobéissance à ce coup de force initial comme une atteinte à sa puissance souveraine. Il *nomme* la réalité par la loi en divisant le bien et le mal selon une ligne de partage – l'infraction – qu'il est seul à définir. L'offense d'un individu à un autre devient une offense faite à l'Etat, dont il devra répondre devant ses juges. L'Etat *écarte* ensuite la victime, privée de son droit de justice, en s'imposant comme source de toute plainte et de toute justice. Il se proclame, lui, la seule victime, dès lors que, devant sa cour, l'on ne juge que l'offense faite à sa loi. Refusant de traiter avec l'ennemi d'égal à égal, « il veut que l'adversaire s'aperçoive qu'il a défié en lui le sacré [4] ». Multiplication des crimes contre l'Etat et étatisation des poursuites édifient pour longtemps cette dissymétrie insurmontable. Il *prononce* enfin souverainement les peines hors de toute transaction. L'amende et les confiscations naissent à l'initiative de l'Etat et se développent aux dépens de la composition privée. L'Etat devient pour longtemps la grande figure de substitution des autres institutions.

Au service de ce souverain en pleine conquête, la justice porte le glaive contre les ennemis de l'Etat. Lors du démantèlement du système accusatoire, en vigueur dans les cours féodales aux

XIIIe-XIVe siècles, l'Etat crée une justice qui lui appartient en propre. Le procureur se substitue à la victime comme le représentant du souverain lésé par l'infraction[5]. Il va concentrer les pouvoirs de poursuite, d'enquête et de jugement dans le dessein de défendre la personne souveraine du roi. Cette émergence est d'une immense portée, dans la mesure où, dans le Code d'instruction criminelle de 1810, encore près de la moitié des incriminations sont relatives à la protection de l'ordre public. Ce n'est que progressivement qu'une décrue s'amorce au profit de la protection de la propriété privée. Par le truchement de son juge, le souverain se substitue à la victime dans le rôle de l'accusateur et devient juge et partie. Les traits du juge sont là fixés pour longtemps dans notre mémoire : sa redoutable combinaison de pouvoirs d'enquête et juridictionnels, ainsi que sa grande liberté de jugement, ne lui sont délégués qu'au nom du prince.

Car ce juge n'est qu'un membre du corps souverain de l'Etat. S'il s'empare du corps de l'accusé, c'est pour l'offrir au souverain. S'il exerce sa puissance d'enquête, c'est pour donner sens aux mots « Etat », « infraction » et « peine ». Ses pouvoirs immenses ne sont pas la contrepartie d'un statut d'allégeance, mais l'expression d'une volonté qu'il incarne et dont il n'est pas détachable. *Lex animata*, disait-on, dans les anciennes monarchies, pour exprimer l'idée d'un pouvoir incarné en personne et irriguant par le haut le corps entier de la souveraineté. Cette conception de la souveraineté prolonge ses ramifications jusqu'à nous. S'est-on demandé, par exemple, pourquoi, depuis deux siècles, la zone le plus chroniquement instable du droit pénal est la détention avant jugement ? Tout se passe comme si les droits individuels luttaient vainement contre ce socle de souveraineté indéracinable. L'arme privative de liberté est l'expression de la profonde association du pouvoir de juger et de la violence du souverain. Ne parle-t-on pas toujours de l'« ordonnance de prise de corps » pour qualifier la comparution de l'accusé détenu en cour d'assises ? Encore aujourd'hui, la France est l'un des pays où le taux de détention provisoire est le plus élevé d'Europe occidentale. En 1990, on reprochait à la commission Delmas-Marty de « désarmer l'Etat », en proposant de scinder le pouvoir d'enquête (remis au parquet) et la privation de liberté (laissée au juge). Une telle scission n'aura été mise en œuvre que pendant six mois en 1993. On ne saurait mieux exprimer la difficulté de toucher à cette alliance substantielle du pouvoir de juger avec l'Etat pénal[6].

Nul plus que le parquet n'exprime cette *légitimité par identification* à la volonté du souverain. Puissant agent d'unification et de centralisation, il a assuré l'avancée de l'Etat. Promouvoir l'enquête, dénoncer les crimes, lancer les poursuites et mettre le juge en mouvement, voilà la somme indivise de ses pouvoirs. Mais le prix à payer pour une telle avancée est grand : un déséquilibre entre les droits de l'accusé et ceux de l'accusation, étrangère à toute idée d'*habeas corpus ;* des pouvoirs sans commune mesure avec ceux de la défense pour construire son dossier ; une concentration des pouvoirs au profit de la magistrature, là où, ailleurs, il est divisé entre plusieurs instances[7]. Surtout, l'Etat a forgé sa sécurité au moyen d'un système d'enquête plus administratif que judiciaire, dans le fil d'une décision qui résulte d'une volonté *a priori* fondée sur l'intérêt général. Tout son paradoxe est là : une justice pénale qui est peu judiciaire – si l'on entend par là des décisions rendues après débat et délibération –, dans la mesure où elle est fondée sur des décisions souveraines, préélaborées dans un dossier. « C'est le destin poignant d'une complicité intime entre le triomphe du ministère public ou du juge criminel dans l'institution judiciaire et la défaite finale de l'Etat de justice[8]. »

Cette généalogie de l'Etat pénal, dont nous sommes les héritiers, ne doit que peu de chose à la démocratie où, mis à part le jury, la participation de la société civile est faible. Les Républiques successives seront indifférentes à la « sûreté » qui donne des garanties à la société civile, tel l'*habeas corpus*, arraché par les barons anglais au pouvoir royal du XVIIe siècle. Tout autre est notre Etat Léviathan hérité des temps prédémocratiques : les citoyens, *protégés parce que désarmés*, confient au seul Etat leur sécurité. Notre pacte social, socle de la puissance de l'Etat et racine du pouvoir de la justice, est fixé dans des institutions qui portent encore cette trace originelle.

Payer la dette irréparable des victimes

Les victimes récusent aujourd'hui cette convention selon laquelle c'est la loi souveraine et non leur propre personne qui est offensée : aussi réclament-elles, au nom de leurs droits subjectifs, le règlement d'une dette impayée parce que inscrite dans une souffrance imprescriptible. Voilà ce que disent les oubliés, les vaincus, les sans-voix, tous ceux dont l'Etat n'avait pas pris le temps d'écouter la plainte. Le mal, parce qu'il est fait *aux victimes seules,* libère une souffrance potentiellement inconsolable, que le droit rendait réparable par un jeu d'équivalences symboliques. Souvenons-nous que les premières plaintes dans l'affaire du sang contaminé se fondaient sur la qualification de crime contre l'humanité, comme le rappelle Marie-Angèle Hermitte : « Cette atteinte familiale se marque tragiquement à la lecture de l'identité des parties civiles. Comme sur les monuments aux morts de la guerre de 1914 dans les villages, le même nom revient une fois, deux fois, trois fois. Et parce que le droit révèle une réalité toujours plus sinistre que ce que l'on imaginait, on voit des familles de douze enfants ou cinq frères et sœurs qui furent contaminés[9]. » Comment la justice pénale pourrait-elle répondre à un crime généalogique, répercutant de génération en génération une dette illimitée, elle qui n'est conçue que pour protéger le souverain par l'incrimination pénale ? Comment s'étonner que le ressentiment des victimes ne puisse connaître de trêve ? Que le deuil ne trouve jamais de rituel qui l'épuise ? La question posée au juge n'est plus : « Quelle est la juste peine ? », mais « Qui punir pour mieux réparer ? ». Le procès devient un lieu d'élucidation du « bon » coupable. Plus la crise ébranle les différences instituantes de la société, plus la cible choisie doit être précieuse. La mise en cause, pour empoisonnement, des ministres en exercice par une Cour de justice de la République, créée en 1993, illustre bien ce besoin de trouver moins des coupables que des victimes « sacrifiables », celles dont le prix sera à la mesure de l'ampleur de la crise.

Les victimes inconsolables des sociétés démocratiques ne trouvent plus les rituels qui leur permettaient de prendre leur mal en peine. Elles cessent d'être les sujets passifs du délit et, cherchant à réparer le mal irréparable, se transforment en agents vindicatifs de la répression. Captives de cet irréparable, qui pourrait les en délivrer ? Vers la justice converge une double demande intraitable et confuse, faite d'indignation morale et d'une volonté de rétribution. Cette puissance émotionnelle ne permet plus d'interposer la médiation du droit entre la violence et son traumatisme, le scandale et sa dénonciation. Les catégories du droit varient à l'infini. La contamination est-elle un crime contre l'humanité, un empoisonnement, une simple fraude ? Toutes ces qualifications, et bien d'autres, ont été utilisées dans l'affaire du sang contaminé. Ainsi la libération conditionnelle de M. Garetta « serait, si elle était accordée, de nature à interrompre le processus d'apaisement du légitime ressentiment des victimes[10] ». La justice, sans cesse sollicitée sur le registre de l'irréparable, oublie que sa fonction n'est que de réparer le réparable et non d'engager la thérapie d'un deuil. Au moment où l'Etat, comme garant d'un ordre symbolique, est ébranlé, la voie est ouverte à cette clameur tragique née de la confrontation avec l'irréversible. Ce ne sont pas ces fautes qui donnent le vertige. C'est qu'elles marquent le surgissement d'un destin aveugle, totalement immaîtrisable dans un monde où le politique, d'une certaine manière, conduit seul notre destin collectif. L'actuelle mise en cause de l'Etat sanctionne moins son orgueil qu'elle ne traduit une démocratie plus inquiète devant l'ébranlement du politique, qu'elle a elle-même fragilisé.

Ce qui domine la scène judiciaire n'est plus la puissance du souverain, mais le cri de la victime qui demande justice. Alors que, jadis, les avocats plaidaient sur les réparations civiles et se gardaient d'intervenir sur le terrain de l'accusation, désormais, ils réclament une peine salvatrice pour la victime. Tout un pan de la jurisprudence administrative sur la faute de service s'effondre, entraînant avec elle la vieille interdiction faite aux tribunaux d'empiéter sur l'Administration. On plaide désormais, à Furiani et ailleurs, une criminalisation de l'imprudence – voire de l'indifférence –, pour éponger l'excès de souffrance laissé par l'imputation juridique de la faute. Comment comprendre autrement la profonde secousse qu'a provoquée l'affaire de Furiani dans l'Administration, si l'on oublie le défilé pathétique des victimes – dont beaucoup sont restées tétraplégiques – qui sont venues témoigner à l'audience ! Nous avions rarement connu une telle profusion de sollicitude à l'égard des victimes. Grâce au travail des associations d'aide aux victimes, toutes ont été indemnisées avant le procès, à des hauteurs considérables. Pourtant, ce procès n'a pu que les décevoir, tant leur désir de réparation est resté, à leurs yeux, sans réponse, tant leur plainte touchait à l'irréparable. L'Etat fait doublement l'expérience de sa finitude : n'avoir pu éviter la faute et ne pouvoir apaiser la souffrance.

Du coup, l'instrument que l'Etat a forgé pour sa propre puissance – le procès pénal – est mobilisable par les victimes contre l'Etat lui-même. La scène judiciaire devient une plaque sensible, où le désir de punir ne rencontre plus la médiation du droit. L'effondrement du vieil Etat pénal et *la montée du pouvoir des victimes nous replacent au temps mythique des fondations de la cité,* à ce moment prédémocratique, précisément, où il s'est substitué aux victimes dans le rôle d'accusateur, pour assurer la paix de tous. L'extraordinaire force de la souffrance exprime cet appel à la refondation, comme le montre bien la réaction du peuple belge à l'affaire Dutroux. Ebranlé mais non menacé, l'Etat reste bien l'institution des institutions, le lieu où convergent tous les appels. Mais sa légitimité se révèle être un lieu vide. Les croyances communes qui l'habitent sont épuisées et disponibles pour de nouvelles formulations. Quête de sacré à laquelle l'Etat ne peut répondre, lui qui a fondé son répertoire symbolique sur sa souveraineté, non sur celle de la communauté, encore moins sur les institutions de la parenté. Les rituels inventés par le peuple belge à la suite des crimes de Dutroux – la couleur blanche, les applaudissements lors des funérailles, l'offrande des fleurs – sont seuls aptes à annuler la souillure. L'Etat n'incarne plus le sacré, celui-ci émigre vers la société et vers la parenté. Une fois de plus, la démocratie rappelle au vieil Etat prêt à s'assoupir qu'il ne repose plus sur *un* fondement transcendant qu'il s'approprierait, mais sur le choix ouvert *des* valeurs nouvelles à défendre. La question posée par les victimes n'est donc pas seulement de savoir si l'Etat peut encore assurer notre sécurité. Elle l'interroge plus profondément sur son aptitude à défendre les institutions civiles – parenté et filiation – qui nouent l'identité de chacun à la loi commune. La demande des victimes et de leurs porte-parole contient un appel sourd à cette refondation. Loin de sombrer dans le populisme ou dans la morale compassionnelle, elle émane de nouveaux sujets politiques en quête d'institutions. Conserver la Cité, redonner vie à ses institutions, s'en réemparer périodiquement afin qu'elle ne soit pas submergée par le chaos : n'était-ce pas la grande leçon de Machiavel ?

B. L'Etat intégrateur : un élan brisé

Un ébranlement d'une ampleur semblable atteint les relations que l'Etat entretient avec l'individu. De longue date, l'Etat français est érigé comme l'instance principale d'unification d'une société composée d'individus atomisés. La Révolution française, en supprimant tout écran entre l'Etat et les individus, attribue au politique une mission d'intégration sociale. C'est l'ouverture d'une *dette de sens* – particulièrement lourde en France – contractée par le politique envers l'individu démocratique. On comprend qu'individualisme et étatisme soient voués à une croissance parallèle. Mais les tensions restent fortes, dès lors que cet individu est à la fois perçu comme menaçant, tout en devant être traité pour sa déviance. La tutelle des individus peut glisser vers leur tutélarisation, le paternalisme bienveillant vers la discipline des âmes, la sanction vers l'élimination. Il faut sans cesse équilibrer les deux branches du paradoxe pénal qui donne à l'Etat vocation à punir et à éduquer. La justice porte en elle, plus qu'aucune autre institution, la marque de cette gestion contradictoire des peurs collectives. A tout moment, en elle, la défense des règles collectives heurte la sollicitude éducative.

Un idéal de non-exclusion

Cette ambivalence s'enracine dans l'histoire de la République. Tout au long du XIXe siècle, la démocratie est hantée par le risque de décomposition sociale, compte tenu de la dilution des liens sociaux antérieurs. On prend conscience qu'en ayant éradiqué les corps intermédiaires « la Révolution n'a laissé debout que les individus », selon le mot de Royer-Collard. Des questions lourdes restent en suspens. Comment combler la perte des anciennes appartenances sociales, religieuses, communautaires ou professionnelles ? Par quel moyen la justice va-t-elle peu à peu se mettre au service de cette mission de réinvention morale de l'individu ? En lançant le thème généreux, mais lourd de dérives totalitaires, de la « régénération [11] », la Révolution lègue à la République la mission d'instituer l'individu dans le corps politique. Le projet d'une transformation volontaire de l'homme pour l'arrimer à un projet collectif devient récurrent. L'éducation pour tous sera le moyen privilégié d'asseoir la citoyenneté. On ne compte plus les projets éducatifs, autant de signes de la volonté de cet Etat éducateur de relever le défi de faire de l'homme un citoyen à part entière. De Condorcet à Jules Ferry, tous les projets de réforme visent à former des individus préparés à la vie collective, bref, des citoyens conscients de leur communauté de destin.

En devenant « hygiéniste », l'Etat va prolonger ce mouvement éducatif en direction du tout autre, le déviant, le fou, le malade mental. Il donne toute sa portée à la *régénération morale* de l'homme sans appartenance des sociétés démocratiques. L'hygiénisme veut étendre à tous les vertus de la pédagogie. L'asile et la prison seront les grandes institutions de la réinscription morale, sociale, symbolique des individus [12]. Assistance, éducation, solidarité : cette logique de l'inclusion est à l'œuvre, dès l'origine, dans toutes les institutions de l'Etat, éducation, psychiatrie, et, peu à peu, justice. La réforme de l'asile, mais aussi l'éducation des sourds-muets et des aveugles sont à l'origine d'un mouvement éducatif de longue portée. Le soin de la folie, l'éducation des jeunes délinquants et l'amendement des détenus disent clairement que cette représentation égalitaire de la société est inséparable d'une promesse démocratique d'intégration.

L'individualisation de la peine

La justice accompagne désormais une trajectoire individuelle plus qu'elle ne punit un acte malfaisant. Rompant avec le modèle libéral, le juge de l'Etat providence va conduire une politique de soutien aux individus assistés, d'insertion des prisonniers et d'éducation des plus inéducables. Contre une pesante tradition inquisitoire, peu à peu, la dynamique démocratique commence à porter ses fruits. Cette rationalité punitive va s'ouvrir à une individualisation croissante : circonstances atténuantes, peine avec sursis, mise à l'épreuve, rôle de la défense… Circonscrire les délits, mesurer la peine et la proportionner à la faute. Les mots du droit le disent bien : le modèle de l'expiation est tempéré par le modèle de la dette, qui fait du criminel le débiteur d'une réparation et non le sacrilège qu'il faut châtier. La zone d'influence du juge s'étend à de multiples réseaux de contrôle social qui enserrent l'individu. Il punit toujours mais, dans un même mouvement, il soigne, éduque, réinsère.

Mais la contradiction intime qui habite le système entier depuis le départ reste toujours présente. L'idée de régénération contient en elle-même son effet pervers. Il faut aider l'homme à trouver une place dans une société, mais, en même temps, « éliminer les parasites », comme le disaient les décrets des années révolutionnaires. Une société régénérée « s'engouffre dans un projet de visibilité absolue[13] », pour être purgée de ses membres douteux. Recenser les bons pauvres et réprimer les « sans aveux » est le fil conducteur des lois sociales de la République naissante. La défense paradoxale d'un ordre assaini, tout en restituant à l'individu sa liberté, devient omniprésente dans l'hygiénisme : il suffit de songer à la dégénérescence en psychiatrie, à la dangerosité pour les criminologues ou au dépistage pour les enfants irréguliers. La prophylaxie veut défendre la société par l'éradication des éléments nocifs, en la mettant à l'abri de la contagion du mal. L'Etat veut être, pari hasardeux, à la fois assimilateur et éliminateur. Certes, l'aide n'est pas exclusive de moments contraignants. Bien sûr, un projet éducatif passe par des « détours ségrégatifs[14] » – un placement dans un foyer, une cure de désintoxication, une tutelle provisoire – qui peuvent, seuls, permettre au sujet d'assimiler progressivement des exigences qui lui étaient totalement étrangères. Mais il faut peu de chose pour que la dialectique du projet intégratif et du détour ségrégatif soit faussée. L'aide appelle une contrepartie en termes de surveillance. En même temps que l'Etat doit punir, il veut réinsérer ; en même temps qu'il châtie, il voudrait éduquer.

Aujourd'hui, cette ambivalence confine à la contradiction. Une justice partenaire doit donner une réponse visible, rapide et contractualisée à l'explosion de la criminalité urbaine apparente. L'inadaptation des institutions aux nouvelles formes de délinquance rend nécessaire un traitement territorialisé de la conflictualité sociale. Dans bien des espaces urbains, l'intégration ne fonctionne plus, et les individus n'ont plus de parcours identifiables. La démarche de suivi individualisé se renverse en une politique pénale, qui se donne pour le « tout » de la justice. Pour agir plus vite et plus lisiblement aux yeux de ses partenaires, cette justice localise et globalise tout à la fois son action. Du coup, elle voit d'un œil lointain le temps nécessaire à la transformation morale. Sa proximité apparente, tout à son désir de porter assistance aux institutions du social qui l'appellent au secours, porte un regard plus éloigné sur les individus. Mise à distance, leur fragilité devient moins pesante et peut être stigmatisée en déviance inacceptable.

La délinquance d'exclusion

Comment en est-on arrivé là ? L'analyse du système prétotalitaire par Hannah Arendt éclaire la perspective. Arendt explique les origines du totalitarisme dans l'Allemagne de l'entre-deux-guerres par l'apparition de masses qui n'avaient plus rien en commun. L'effondrement du système des classes emporta dans sa chute « tout le réseau des fils visibles et invisibles qui reliait le peuple au corps politique[15] ». Confrontés à une « terrifiante solidarité négative », ces individus n'auront plus rien à perdre que leur chaîne. La *désolation* est la figure de la plus absolue « non-appartenance au monde ». L'homme sans feu ni lieu, privé de racines, n'a plus de place qui soit reconnue. Poids inutile sur la terre, n'ayant ni vie privée ni vie publique, il est totalement disponible pour adhérer à une idéologie totalitaire qui répond à son besoin d'identification. La préférence d'un monde fictif donne une espérance exaltante. « La désolation qui constituait jadis une expérience limite subie dans certaines classes marginales, telles que la vieillesse, est devenue l'expérience croissante de notre siècle. » N'est-ce pas à un défi du même ordre que nous conduit la description terriblement lucide d'Hannah Arendt ? Les violences sans objet des banlieues ne sont-elles pas l'expression d'une absence de reconnaissance ? Ces appels restés sans réponse et lourds d'une subjectivité écrasée, niée, ethnicisée font chorus avec le racisme des « petits Blancs », base de l'électorat du Front national. Aujourd'hui où toutes les figures de la désolation urbaine nous sont devenues familières, le repli sur soi et la violence sont les deux faces d'une même disqualification.

La fonction de redistribution d'un Etat, qui a moins à donner en période de récession, s'affaiblit et relance sans cesse la demande de sécurité. Quand le feu prend dans les cités, quand le marché de la drogue prolifère dans les cités du chômage, quand la violence s'installe dans les écoles, est-il temps d'éduquer ? Que reste-t-il du paternalisme républicain quand cette vulnérabilité de masse devient aussi menaçante ? Face à une délinquance d'exclusion massive, la justice est saisie d'une demande pénale, qui prend à revers toute sa dynamique d'individualisation. Pour les jeunes notamment, nos réponses sont bien adaptées à une délinquance individuelle, mais non à une violence collective enracinée dans un territoire et alimentée par une socialisation délinquante. L'idéal éducatif de non-exclusion est aux antipodes de cette délinquance d'adaptation à l'exclusion. Insensiblement, un seuil est franchi. Cette délinquance ne consiste plus seulement à contester les valeurs sociales, mais à construire des valeurs concurrentes à une société inabordable.

On comprend mieux la *préférence pour un monde fictif* dont parle Hannah Arendt. La présentation d'un monde idéologiquement cohérent répond à ce que les psychanalystes appelleraient une « angoisse de morcellement », à laquelle – on ne le sait que trop – le populisme donne *sa* réponse politique.

Au miroir des flagrant délits...

Que peut encore la justice, face à une telle puissance de désolation ? Le film de Raymond Depardon, *Délits flagrants,* en donne une image juste. Il raconte la vie quotidienne de la section des flagrants délits du parquet de Paris, qui oriente chaque jour les prévenus vers l'audience correctionnelle. Le film s'ouvre sur la masse imposante de la puissance de l'Etat, le Palais de justice, image de la souveraineté et ancienne prison, qui capte les destins singuliers des individus errants.

On assiste ensuite à un série de dialogues entre deux personnes – le procureur et le prévenu – que leur statut place aux antipodes l'une de l'autre. Il ne s'agit pas d'un procès, mais d'une audience de cabinet où sont notifiées les charges et entendues les déclarations du prévenu. Le tout en moins d'un quart d'heure. Le délit reste quelque chose de honteux et d'opaque, que l'on cache pour préserver un peu de sa dignité. Les prévenus expriment davantage par un ultime chantage au suicide, par l'évocation de leur chômage ou de leurs enfants, d'une maladie... Là où la confrontation judiciaire attend une posture de responsabilité devant la faute commise reviennent sans cesse l'excuse d'un incident de parcours, l'espoir d'une nouvelle chance ou d'un avenir forcément meilleur. Alors que la loi est faite pour un sujet de droit capable d'organiser sa défense, chacun cède ici à toutes les bonnes raisons de croire qu'il n'est responsable de rien. Pour ces orphelins de l'Etat providence, demain n'est qu'une modalité d'assistance de plus : un RMI espéré, un stage dont on attend la réponse, une place dans un emploi précaire...

Le prévenu est en position de suppliant face à un procureur, qui cache sa mauvaise conscience de n'avoir aucune offre à lui présenter, si ce n'est des droits purement formels. La plupart des prévenus sont étrangers, restent silencieux ou balbutient quelques mots en mauvais français. Certains paraissent sans identité, comme absents ou dépressifs. Aucun n'a la capacité d'articuler un raisonnement logique. On leur demande d'assumer leur faute, alors qu'ils sont tous enchevêtrés dans des histoires invraisemblables ou inintelligibles. Ils sont devenus des enfants, qui tentent par tous les moyens d'éviter la punition. Au moment même où la société demande des comptes à un individu pour un délit, celui-ci n'a aucun moyen d'y répondre, sauf à se définir lui-même comme une victime de l'exclusion.

Inlassablement dans *Délits flagrants*, une histoire brisée est racontée. Les visages changent, mais l'histoire reste toujours la même. Pour ceux qui n'ont rien, il faut payer de sa personne et raconter sans relâche une vie qui sera scrutée pour nourrir un rapport envoyé au tribunal. Face à cette détresse individuelle, la justice oppose l'émiettement des entretiens où se succèdent procureur, travailleur social, avocat. Au lieu d'éveiller en chaque prévenu une responsabilité évanouie, l'exercice consiste à assurer l'orientation la meilleure dans une justice aux maigres moyens : de la remise en liberté au contrôle judiciaire assorti d'obligations avant le jugement. Pour les toxicomanes, une orientation dans une structure de soins. Pour les étrangers, une aide à la gestion de leurs dossiers. Pour les jeunes majeurs, le soutien d'un hébergement, voire d'une mesure éducative...

Jamais autant cette proximité des corps dans un espace clos n'aura fait ressortir, jusqu'au malaise, une *impossible rencontre.* La faille est profonde entre un Etat, qui n'assiste plus et ne protège plus, et un espace public où les individus n'ont plus aucune place. La confrontation avec le droit ne restitue plus aux sujets leur part de souveraineté inaliénable, mais, tout au contraire, leur renvoie, à chaque nouvel entretien, un manque radical. La parole qui circule dans ces entretiens fait jaillir la possibilité d'un partage quand un procureur se veut plus proche, au risque de mélanger les rôles, et suggère au prévenu une ultime solution pour éviter la prison. Mais l'élan reste furtif et retombe vite. Le destin de ces passagers de la vie semble scellé.

C. L'Etat local : une précipitation à punir

Pour échapper à de telles impasses, l'Etat s'efforce de réagir. Il s'astreint à repenser le sens de sa dette de sécurité à l'égard d'une société simultanément confrontée à une vulnérabilité de masse et à une violence accrue [16]. Avec la fin des « Trente glorieuses », l'avenir devient incertain dans une conjoncture économique où le chômage et la précarité font douter de l'Etat providence. Mal outillées pour assurer la gestion des inquiétudes sociales, police et justice sont désorientées. La sécurité est née de la certitude du futur, de la stabilité des statuts et de l'intégration par le travail. L'insécurité, loin d'être le double inversé de la sécurité, germe dans un monde qui abandonne le plein-emploi et s'enracine dans la récession et la précarité des statuts. Notre violence n'est plus faite de frustration et de protestation, mais se nourrit d'une exclusion qui s'est socialisée. Fondatrice de rien, la violence n'exprime qu'une explosion d'individualisme absolu, face négative d'une affirmation impossible de soi. Elle engendre l'insécurité parce qu'elle tourne à vide, sans enjeu ni projet. Rien n'a de prise sur elle. Violence sans conflit et pacification sans objet se répondent. Couplée avec l'insécurité, elle est la manifestation d'un désordre durable d'identités privées qui n'ont plus de garant collectif.

L'invention du territoire

Que faire, donc, face à une situation inédite ? Faut-il y répondre par plus de loi, plus de police, plus de contrôle ? N'est-ce pas du faux-semblant ? La nouvelle politique publique mise en œuvre dans les années 1980 s'oppose clairement à la tentation du « tout répressif ». La nouvelle sécurité sera préventive, locale et démocratique. Le grand mouvement de décentralisation et d'émancipation des villes va lancer une nouvelle donne.

Le choix initial est clair : à l'inverse des pays anglo-saxons, qui optent pour une prévention « situationnelle[17] », c'est-à-dire une surveillance communautaire destinée à protéger les victimes potentielles des agressions, la France choisit la prévention sociale : améliorer les conditions de vie dans un quartier pour agir sur la sécurité de ce quartier. La volonté de casser le couple prévention-répression est claire. L'idée est de rompre avec la logique guichetière où les publics « difficiles » subissent successivement – et dans une progression généralement descendante – sollicitude préventive, puis rigueur répressive. Le but est d'aborder *dans un même mouvement* aide aux prisonniers et aux victimes, prévention policière et action éducative, répression des infractions et aide à la réinsertion. Cela suppose de ne plus appréhender la sécurité en termes de criminalité apparente et de s'éloigner du circuit confortable des appareils répressifs. Il faudra accepter les aléas du partenariat non institué et briser l'ignorance mutuelle d'instances que tout sépare – monde des prisons et travailleurs sociaux, par exemple –, ayant défini leurs identités professionnelles l'une contre l'autre. Tout cela a été possible par la découverte d'un lieu commun : le territoire. La territorialisation des politiques publiques, en imposant le défi du partenariat, répond à l'échec du modèle de gestion vertical de l'Etat pénal.

La transformation de l'Etat en partenaire social est en soi une révolution dans un vieux pays jacobin. La fin du modèle de « régulation croisée », piloté d'en haut et sous hégémonie bureaucratique au profit d'une nouvelle institutionnalisation de l'action collective, en est le point d'aboutissement. Autrement dit, faire une route ou créer une école supposent de fixer des règles et d'attribuer des moyens pour résoudre des problèmes identifiés *a priori*. Lutter contre l'exclusion et pacifier les banlieues supposent, au contraire, d'élucider d'abord les problèmes localement, de mobiliser des acteurs, de combiner leurs logiques propres. Ce qui compte est de maîtriser les « circuits courts », où les réponses n'attendent pas. A l'interventionnisme impulsé d'en haut se substitue l'objectif défini en concertation. A l'impératif de l'intérêt général se superposent les logiques de projet. Au temps à évaluer à moyen ou à long terme se substituent les liaisons téléphoniques, les résultats rapides, voire médiatiquement rentables. Le souci d'adaptation au local signe la fin de l'ambition de l'Etat intégrateur. Solidarité locale plus que redistributive, insertion plus qu'intégration, fédération d'énergies plus que pragmatisme gestionnaire : l'idéal d'une impulsion transformatrice recule au profit du pragmatisme de terrain. Il suffit de relever les concepts qui ont été mis en œuvre dans cette politique : loi d'*orientation* sur la ville, diagnostics *locaux* de sécurité, *contrats* de ville, *conventions* de développement social des quartiers...

Dans la logique de la décentralisation, le « local » devient le nouveau centre de gravité des interventions de l'Etat. Une nouvelle *échelle démocratique* apparaît à partir du moment où les élus révèlent leur capacité d'action sur un territoire qu'eux seuls connaissent. Dans des univers professionnels étanches, l'intervention des élus et de l'opinion publique ouvre la porte à un contrôle démocratique inédit. Le « local » devient à la fois l'échelon d'énonciation des problèmes, le bon niveau d'écoute des voix multiples de la cité et le seul lieu utile d'élaboration des réponses. Peut-il en être autrement, quand ce qui compte n'est plus d'attendre les réponses de l'Etat à un problème, mais de construire ensemble le problème et d'imaginer – toujours ensemble – les bonnes réponses ? Au-delà de la dimension administrative, c'est l'extension de la citoyenneté dans des scènes politiques différenciées qui est l'idéal sous-jacent de cette recomposition de l'Etat, où la démocratie locale trouve un souffle nouveau. Un tel schéma étatique ne peut vivre que dans une « communauté de responsabilités », car « c'est la capacité de jugement de tous qui sert désormais d'assise au pouvoir[18] ».

Une justice en temps réel

Le parquet est, dans la justice, le relais naturel de ces politiques publiques. Son véritable défi va être d'investir le territoire. Son arme, la poursuite. Son moyen, le partenariat. Le juge du siège ignore le plus souvent l'environnement social de son intervention. Il demeure lié par une norme formelle, qu'il doit appliquer à la singularité du cas avec la contrainte d'une procédure. A l'opposé, le parquet, qui reçoit les plaintes, dispose d'un pouvoir d'interpellation de toutes les institutions. Son action n'obéit plus à une logique de centralisation ordonnée par circulaire, mais, au contraire, à une action partenariale où il s'agit de « coller au terrain » et de mobiliser un réseau d'activités, afin d'éviter des « effets bout de chaîne » en cas de crise. La justice n'est plus au bout d'une succession de filtres par lesquels l'auteur d'une infraction passerait avant d'être jugé. Elle *décide* d'intervenir en amont de son intervention, afin d'analyser les situations, d'interroger les acteurs et d'infléchir leur décisions.

Il n'est pas une politique pénale qui puisse aujourd'hui échapper à cette nouvelle posture. La prévention des violences urbaines ? Elle se fait au sein de groupes locaux de traitement de la délinquance (GTLD) dans beaucoup de ressorts. Réunis autour du procureur, les partenaires apprennent à se connaître et à définir des stratégies communes dans des sites localisés. La politique de lutte contre le trafic de drogue ? Elle suppose une étroite coordination des polices des pays limitrophes dans les zones frontières du Nord et sera totalement différente entre un ressort urbain ou rural. Le contrôle des délits routiers ? Il implique d'harmoniser les régulations administratives et judiciaires et de nouer le dialogue entre parquets et préfectures.

Une nouvelle logique gestionnaire veut endiguer la politique massive de classement des plaintes (environ 80 % sont classées), qui donne le sentiment que la justice ne répond plus de rien.

Les parquets créent une « troisième voie » entre le classement et la poursuite, le *traitement en temps réel*[19]. Regardons, pour le comprendre, comment s'est organisée une permanence du parquet pour faire face à l'afflux de plaintes. Dans la salle du traitement en temps réel, les substituts sont groupés autour des téléphones. L'œil sur le tableau des audiences correctionnelles, ils donnent des ordres aux services de police, leur signifient les dates d'audience auxquelles les personnes doivent se présenter. Plus tard, ils verront les contrevenants qui leur sont annoncés, rempliront avec eux l'imprimé pour l'audience, les remettront à leurs avocats. Pour aller où ? En prison ou retrouver la liberté. Seule importe la gestion immédiate des affaires. L'individualisation passe au second plan. Point de traitement en différé, qui intercale l'écrit et le temps entre l'enquête et le jugement. La décision devient régulation, le suivi se fait en direct. A l'ancrage du procès-verbal se substitue une succession d'instantanés sans perspective. Il ne s'agit plus de réfléchir une décision, mais de la gérer par pilotage téléphonique, fax ou listing informatique. Qui poursuit-on ? On ne sait plus très bien. On voit passer tel individu une fois, deux fois, trois fois : c'est un récidiviste. On le voit une fois : c'est un « primaire ». Que deviennent les affaires plus complexes qui méritent un approfondissement ? Elles suivront leur cours. L'important est d'évacuer le stock de la délinquance de voie publique, celle qui engendre le sentiment d'insécurité, comme le rappellent chaque jour la victime qui s'impatiente, l'élu qui proteste, les écoles qui multiplient les fax... Une telle politique répond à des attentes justifiées et reflète le fonctionnement de toute une société. Loin d'être décidée arbitrairement, cette volonté d'affichage des priorités et de publication des résultats se réclame d'un constat d'échec des politiques de prévention et de l'indignation croissante des victimes. Cette justice sans répit, qui précipite le mouvement dans des distances réduites, est bien à l'image d'une société qui absolutise son présent. L'urgence ainsi professionnalisée ne reflète-t-elle pas une démocratie dissoute par l'atonie des médiations et l'effet réducteur des circuits courts ?

Cet activisme est surtout lourd de malentendus. La justice veut être repérée comme une administration performante par ses partenaires. Du coup, le débat individualisé qui la caractérise passe au second plan. Ses facultés de nomination juridique de la réalité et d'imputation des responsabilités s'évaporent, et les risques d'erreur s'accroissent en proportion. Réintroduire une procédure et le temps d'un écrit, c'est donner sa chance à une lecture moins émotionnelle d'une réalité, rendue forcément confuse par l'urgence. Or, ici tout délai est insupportable, toute hésitation coupable, tout retard exaspérant.

L'urgence à punir, en abrégeant les formes, réduit l'espace de la décision. On sait que le choix – désormais majoritaire – des voies rapides accroît les chances de l'incarcération : environ 60 % des peines prononcées en comparution immédiate sont des peines de prison ferme [20].

L'accélération de la pénalisation surdétermine les décisions prises en aval. Trop loin de la police, on ne contrôle rien. Trop près de son action, on lance une impulsion sur le processus judiciaire tout entier. Qu'est-ce d'autre que la procédure, si ce n'est une médiation entre les émotions et l'action ? Que devient le périmètre du juge, dès lors que la décision judiciaire peut résulter du savoir local sur la délinquance plus que du jugement d'un individu ? N'est-ce pas nier toute différence entre juridiction et Administration, qui sont déjà passablement confondues dans notre culture juridique ? Est-ce qu'un outil de gestion comme le traitement direct des procédures pourra être un jour une véritable politique d'action publique, qui suppose concertation, choix de priorités et surtout de donner leur chance aux régulations non pénales ? N'aboutit-on pas à disqualifier la « mauvaise » juridiction des individus, lente et opaque, au profit d'une « bonne » administration des territoires, visible et efficace ? Confrontée directement à des demandes multiples, à l'interconnexion des phénomènes de proximité et à la logique proliférante des circuits courts, quelle marge de manœuvre reste-t-il à la fonction de juger ? Le traitement administratif de la violence décharge la justice du poids du jugement au profit d'une gestion pénale de l'urgence sociale. Au moment où la justice est plus que jamais en recherche d'identité, ce brouillage de sa fonction épaissit la confusion.

Etat de justice ou Etat pénal ?

L'ambition de départ, qui voulait casser le couple prévention/répression, semble bien loin. Le Code pénal de 1994 restera celui dont les peines privatives de liberté sont les plus longues. Dans la dernière décennie, les peines prononcées de cinq ans et plus n'ont cessé de s'aggraver, ainsi que l'allongement la durée moyenne de détention. La France est le pays où les trois quarts des incarcérations ont lieu avant qu'une condamnation définitive ne soit intervenue. La montée des logiques de l'urgence dans le monde judiciaire radicalise la réponse répressive et multiplie les courtes peines d'emprisonnement. Le pari du partenariat se transformerait-il en pénalisation sans frein ? L'Etat est partenaire, diversifie ses fonctions et s'ouvre sur de multiples initiatives. Mais, dans une société transparente et, pour cela même, plus fragile, l'usage de la violence étatique est toujours prêt à resurgir. Il suffit que la menace du terrorisme rebondisse, y compris dans les sites de la prévention urbaine. L'exécution mise en scène de Khaled Khelkal par le GIGN et filmée par les caméras de France 2 et de M 6 est toujours dans les mémoires. Quand les menaces se précisent et que la crainte s'empare de tous, l'Etat montre à tous ceux qui pourraient en douter que son monopole est toujours là.

L'ambiguïté de l'Etat tient tout entière dans cet écart. D'un côté, il est le symbole de l'action rationnelle du politique. Etat de justice, il est indissociable d'un *telos*, au sens de l'articulation d'une puissance avec un projet, de l'efficacité avec le bien recherché. Mais cette haute finalité a pour envers la violence sourde de l'Etat pénal. S'il est mû par des projets rationnels, il garde un potentiel d'irrationalité. L'Etat possède une puissante capacité de décision, comportant aussi une part d'ombre que Ricœur appelle sa « rationalité introuvable »[21]. Siège de cette force, il brandit la justice pour punir ses sujets, mais, *avec la même justice,* il veut pacifier la vie collective et légitimer l'exercice de la puissance. La contradiction est forte entre un juge qui prend une identité nouvelle dans le champ politique et les impasses où le conduit une pénalisation croissante. Au moment où la justice tend à devenir une figure majeure de l'Etat impartial, la logique pénale qui l'habite de longue date en fait l'instrument sans cesse sollicité d'une sécurité compromise. Il y a, d'un côté, une volonté politique d'éradiquer le soupçon qui obture l'accès à un Etat insoupçonnable, et, d'un autre, une justice programmée pour exercer une fonction purement répressive. Elle participe en même temps d'un Etat de justice et d'un Etat pénal, c'est-à-dire d'une logique verticale et d'une logique décentralisée. Le pouvoir juridictionnel politiquement différencié de l'exécutif est aussi le relais d'une politique pénale, impulsée par ce même exécutif.

Comment, alors, tenir les deux bouts de la chaîne ? Comment maintenir le cap d'une autonomie naissante de la justice et répondre à la nécessité de conduire *par le haut* une politique judiciaire ? Suffit-il de répondre que ces politiques relèvent de l'exécutif et le juge de la seule loi ? N'y a-t-il pas contradiction avec l'autonomie promise aux parquets, surtout quand on sait l'importance des contextes locaux pour traiter des questions de sécurité ? Le risque de contradiction, entre un objectif d'indépendance affiché pour la justice et la conduite des politiques gouvernementales, n'est pas mince. Entre un parquet transformé en une administration performante pour répondre aux défis de l'urgence sociale et un juge qui n'agit que sur des cas individuels, selon une procédure supposée garantir les droits de chacun, quelle est la vraie justice ? Les deux, dira-t-on. Certes, mais alors comment reconnaître et légitimer l'autre justice, celle du juge, moins visible et qui tisse en silence le lien social ?

L'urgence donne une intensité accrue à cette contradiction. Ce qui est gagné sous l'angle de la démocratie politique (l'autonomie de la justice) peut être perdu sous l'angle des politiques pénales (l'urgence à agir). Au même moment, on demande à la fois à la justice de garder une distance à l'égard de l'exécutif et, au quotidien, face aux violences urbaines, par exemple, d'agir comme une administration rapide, efficace et performante. La justice est de moins en moins identifiable, dès lors que la politique pénale se donne pour *le moment fort* de son intervention. Les valeurs qui sont attendues dans l'ordre du politique (impartialité, délais raisonnables, délibération) sont oubliées dans le monde de la gestion pénale de la sécurité (décisions immédiates, traitement direct, délais courts). Confronté à l'urgence sociale, le droit devient une mince trame prête à se rompre. Il suffit d'accroître l'élasticité d'une incrimination, de contractualiser les politiques pénales ou de systématiser les réponses rapides. De là vient la tentation, contre les « lenteurs superflues », d'opter pour la suppression des formes et « la précipitation dangereuse »[22].

Au centre du tragique du juge gît un conflit des fins. A la politique de Créon, Antigone oppose la catégorie du devoir. Une justice est prompte à châtier le mal, alors que l'autre prend le temps d'humaniser son action. L'une se détache de l'Etat comme figure de la surveillance et de la punition, pour contribuer au maillage du lien social. L'autre rappelle qu'elle ne saurait renouer les fragments dispersés de la cité périssable en oubliant de la défendre contre ses ennemis. Voilà pourquoi il faudra dominer cette tension entre une démarche d'autonomisation de la justice à long terme et la remise en cause de cette démarche par l'urgence à punir et la pression médiatique. Comment une justice, où l'urgence devient la temporalité habituelle de l'action, préservera-t-elle son impartialité naissante dans l'ordre politique ? Que fera-t-elle face à une opinion toujours plus désireuse de sécurité, collant à l'émotion des victimes, indifférente pour le destin de ceux qui la menacent ? N'offrant plus d'espace tiers, la justice reproduit les face-à-face et semble vouée à répéter la violence initiale. La question ne laissera guère de répit. La société tout entière, en découvrant la force du droit et une justice plus proche, va précipiter le mouvement.

DEUXIÈME PARTIE

L'émancipation d'une démocratie de plaideurs

La nouvelle place de la justice ne résulte pas seulement d'une recomposition interne de l'Etat. Le mouvement d'émancipation de la société démocratique lui donne une impulsion décisive. L'implosion judiciaire actuelle est le signe le plus net d'une société qui demande moins de gestion et plus d'arbitrage. Les conflits d'intérêts, longtemps escamotés par un Etat habitué à la confusion des pouvoirs et au mélange des genres, trouvent dans la justice une scène d'explication collective et une instance de médiation ultime. Sortant de leur silence, les citoyens plaideurs trouvent unc justice qui valide leur parole et accepte de les défendre. Mais ils ne se bornent pas à contester une gestion étatique inadéquate. Ils tissent les linéaments d'un autre Etat pluraliste, délibératif, ouvert à une représentation politique plus large. Toute la question est de savoir comment la justice, dans son état actuel, pourra répondre à ces nouvelles sollicitations. Le problème est d'autant plus aigu que, soutenue par cette dynamique, l'émergence d'une démocratie d'opinion accentue ce mouvement. La démocratie devient alors tributaire d'un espace public où médias et justice oscillent entre connivence et concurrence. Les scénarios les plus contradictoires, où la justice est tantôt l'ennemi de la République, tantôt son rédempteur, s'affrontent. Dans cette dynamique démocratique, la justice devient le lieu géométrique d'une inversion des rapports entre Etat et société. Un Etat souverain habitué à diriger la société doit expliquer ses choix, rendre des comptes, justifier son action et répondre de ses fautes. Au moment où cet Etat est confronté à une société civile qui ébranle son appareil administratif, une opinion, devenue plus active, contourne la démocratie majoritaire de la Ve République et propulse la justice, sans transition, à une place inédite. C'est dans cette démocratie de plaideurs que la magistrature, en prenant à revers toute son histoire, devient un acteur collectif.

IV

Une nouvelle demande de justice

« Les tribunaux ont un rôle passif. Les juges ne vont pas à la recherche des affaires. Ils attendent qu'elles viennent à eux. S'il n'y a pas de *mouvements* pour s'en occuper, les affaires importantes ne leur sont pas déférées[1]. » Cette phrase d'un analyste du monde judiciaire américain, Lawrence Friedman, doit être rappelée au moment où le pouvoir des juges est perpétuellement dénoncé en France. Cette nouvelle justice est induite par une société qui n'est plus exclusivement mise en mouvement, fait nouveau chez nous, par la seule impulsion de l'Etat. On s'aperçoit que cet Etat avait peut-être trop accaparé des fonctions que la société peut exercer elle-même. L'accroissement spectaculaire du nombre des affaires judiciaires depuis trente ans est un bon symptôme du recul de cette gestion administrative. Quelle en est la signification ? Les groupes sociaux ne se résignent plus ; ils s'organisent pour faire juger leurs droits et connaître leur cause. Ils ne veulent pas de nouveaux services publics, mais désirent rester maîtres de leurs conflits. Ils aspirent à bénéficier, non des transferts de l'Etat, mais d'outils pour construire leur stratégie. Ils ne demandent plus une faveur monnayée par un réseau d'influence, mais un droit obtenu par des procédures transparentes. La société civile retrouve une réelle capacité d'initiative, en utilisant les lieux de décision que l'Etat réservait à son usage personnel, au premier rang desquels la justice. C'est elle qui réinvente par le bas le pouvoir judiciaire, en redécouvrant qu'il est le seul des pouvoirs de l'Etat qu'un citoyen puisse, *en tant qu'individu*, mettre en branle pour satisfaire ses demandes.

Faut-il déplorer cette liberté nouvelle qui accélère la démocratie juridique ? Dénoncer l'activisme associatif et judiciaire, bref l'évolution « à l'américaine », qui la sous-tend ? Voir dans cette explosion d'individualisme juridique l'avènement d'une société pulvérisée en intérêts particuliers ? Le risque d'un émiettement de la société par effritement de l'Etat est loin d'être négligeable, dans un pays où la faiblesse des médiations sociales est bien connue. Mais il faut aussi mesurer l'impact de cette recomposition sur la société démocratique. Avant d'être une collection d'égoïsmes sacrés, cette demande de justice exprime de nouvelles formes d'identification sociales. Le diagnostic en est difficile, tant la généalogie est trompeuse. Sans disparaître, l'Etat renonce à des compétences que la société veut s'approprier par le truchement de l'institution judiciaire. Cette émancipation d'une société civile qui impose des renoncements à l'Etat ébrèche, au passage, bon nombre de nos mythes fondateurs. Portée par cette lame de fond, la sphère de la démocratie représentative s'ouvre à une définition plus large du bien commun.

A. Une société civile qui plaide

Quelques données chiffrées permettent de situer le changement d'échelle de la justice. La croissance continue du contentieux ces trente dernières années montre une *mutation quantitative* dont le point d'accélération date du milieu des années 1970[2]. La rupture est particulièrement nette pour les affaires civiles : en vingt ans, elles ont triplé ! Il subsiste des blocs massifs autour du divorce et des relations contractuelles (consommation, loyers), toutes absorbées par une meilleure « productivité » des juges, dont le nombre n'a guère évolué depuis la Première Guerre mondiale (environ 6 200 pour l'ordre judiciaire). La crise de l'institution familiale a une incidence particulièrement forte dans la justice civile. Le traitement des séparations conjugales occupe actuellement 50 % des affaires civiles (dans certains tribunaux, près de 70 %). La protection de l'enfance représente, à elle seule, un budget global de 22 milliards de francs, soit l'équivalent de celui du RMI. Pour les incapables majeurs, les prises en charge lourdes dominent (près de 66 % des mesures sont des tutelles, 80 % dans certains ressorts) et sont accrues par la vieillissement, la solitude et la dislocation des générations[3].

Mais, surtout, les postes liés directement à la crise et à la précarité des conditions de la vie sociale viennent en première ligne : surendettement, logement, consommation, contentieux du travail... La voie pénale, qui reste gonflée par un approvisionnement étatique (le contentieux routier), échappe à l'engorgement du fait des classements sans suite massifs et du développement des formes alternatives de règlement des conflits (médiation pénale, par exemple). A cette surcharge s'ajoute l'inconséquence du législateur, qui ne légifère plus à droit constant depuis bien longtemps. N'a-t-on pas vu un ministre vanter, il y a quelques années, les mérites de « sa » loi sur le surendettement des ménages, en annonçant le chiffre symbole de 100 000 dossiers ? La passion du droit qui sévit sous la Ve République produit un droit « complexe, hétéroclite, baroque, qui change et a dans sa vocation de changer [4] ». Cette dérive légiférante est peut-être le creuset qui fait aujourd'hui de la justice le lieu d'une interrogation aiguë de la société sur elle-même. Mais comment recoudre les déchirures du lien social avec un droit inflationniste, opaque pour ses destinataires et multipliant les risques de conflits entre les normes ? Ici, le pouvoir du juge résulte d'un transfert de charge, lourd d'un aveu d'impuissance de la loi.

Un changement d'échelle

Pour expliquer cette croissance, Jean Carbonnier évoque le délire de la procédure engendré par le pullulement des droits subjectifs. Certes, la société française demande aujourd'hui plus d'arbitrage et moins d'administration. Un effort financier, ces dernières années, sur l'aide accordée par l'Etat aux plaideurs a rendu possible cette démocratisation [5]. Mais a-t-on suffisamment mesuré ce phénomène à sa véritable échelle ? A la différence d'une gestion administrative, un arbitrage par la justice suppose autonomie des acteurs, informations sur leurs droits, élaboration de stratégies argumentatives. La place dérisoire de la justice dans le budget de l'Etat, comparée aux subventions versées aux entreprises nationales ou aux dépenses de prestige, n'est pas seulement l'éternelle occasion de lamentation corporatiste. Elle démontre l'incompréhension d'un double changement d'échelle : alors que, jadis, le traitement d'une demande rare était standardisé, désormais cette demande qui explose *quantitativement* exige aussi une réponse *qualitative.*

Pour résoudre ce double problème, il peut être tentant – alors que la crise s'installe durablement – de redéfinir un « périmètre du juge » et de limiter la justice à sa mission essentielle, qui est de dire le droit. L'idée est excellente. Mais qu'est-ce que « dire le droit » ? Dire le droit dans les séparations familiales, les litiges du contrat de travail, les affaires locatives suffirait déjà à saturer bien des tribunaux. Ne sera-t-on pas conduit à traiter des contentieux par une justice à l'abattage en première instance, en ajoutant la qualité seulement en appel ? D'autant que les interrogations des individus, dans une société où s'effacent les repères collectifs, alourdissent la demande de justice. La crise d'une institution comme la famille est structurelle. Les questions relatives à l'emploi représentent une donnée malheureusement durable dans un contexte de précarité. La demande de norme d'un individu démocratique, qui vit durablement l'incertitude de son statut, ne peut que croître. Or, les efforts de gestion, de simplification ou de déplacement des contentieux ne résultent nullement d'une analyse de ces enjeux. Le législateur continue à multiplier les lois qui tendent à faire de la justice une *administration gérant de manière indifférenciée un contentieux extensible à l'infini.* Face à une demande qui tend à être infinie, l'offre sera toujours finie et doit nécessairement moduler ses réponses. La convergence vers le « tout judiciaire » maintient pour toutes les affaires la même méthode, les mêmes moyens et le même temps. On songe à accroître modérément le nombre de juges, ce qui est globalement indispensable. Mais ne faut-il pas aussi favoriser en amont de nouvelles médiations et mieux encadrer les professions qui naissent en marge de la justice ?

Toute demande de justice ne débouche pas forcément sur un juge et sur un procès complet, mais cherche une solution juste et adaptée au conflit en jeu. Une affaire de filiation doit comparaître devant un juge et être référée à la loi, qui assigne les places de chacun. Mais l'innombrable contentieux entraîné par les accidents de la route n'aurait-il pas avantage à être mieux traité par des commissions administratives ? Ne faut-il pas, par exemple, renvoyer les affaires sans réel litige à l'Administration ou évacuer certaines d'entre elles à partir d'un seuil qualitatif fixé par la loi ? Jusqu'à quand, par exemple, continuera-t-on de traiter sur un même plan un divorce à l'amiable et un divorce très conflictuel ? Et que dire des délits liés aux abandons de famille (pension de divorce non payée) et de non-présentation d'enfants (non-exercice d'un droit de visite), où un procès complique souvent inutilement les choses ? L'afflux massif des demandes est accepté au nom du principe d'égalité devant la loi. Du coup, le juge les absorbe toutes, ce qui est le meilleur moyen de se réduire à l'impuissance. Tant que la justice était une ressource sociologiquement rare, sa signification politique ne pouvait apparaître. Dès lors qu'elle est sans cesse plus sollicitée par des enjeux aussi lourds, elle devient un besoin collectif, exige une philosophie de la distribution des matières à juger et une gradation dans le traitement des affaires. Rien ne serait pire qu'une gestion judiciaire conçue comme un relais d'une gestion administrative devenue inadéquate.

La *discount justice*

Ce que découvre la France, toutes les démocraties y sont confrontées. Les formes de justice se décomposent, se réorganisent et se démultiplient pour affronter ce foisonnement. Face à une demande potentiellement illimitée, l'offre impose sa finitude. Cette recomposition est appelée aux Etats-Unis ADR *(Alternative Dispute Resolution)* ou, plus récemment, « Reg Neg » *(Regulatory Negociation)*, depuis que les tribunaux furent confrontés dans les années 1970 à la marée des litiges. En mettant la justice en leur centre, les démocraties créent les conditions d'un afflux de demandes, ce qui démultiplie à l'infini ses rôles. Ont été ainsi développés les traitements simplifiés et accélérés des affaires nouvelles, qui menaçaient de submerger les tribunaux. En France, la montée des logiques gestionnaires, accompagnées du discours sur la modernisation du service public, est intervenue en pleine période de développement de la politique de la ville, qui allait rendre les repères professionnels des juges plus flous.

En Angleterre, le rapport Woolf propose, en 1996, des solutions pour sortir la justice civile de cette marée des litiges. Sa priorité est de lutter contre l'appropriation par les professionnels d'une justice devenue un moyen d'enrichissement au lieu d'un service public, un marché captif et non un bien commun. La réforme proposée veut officialiser les négociations informelles, afin de privilégier la voie rapide *(fast track)* et de distinguer des circuits de procédure en fonction de l'importance des affaires[6]. L'Italie a réduit le nombre des litiges civils de 80 % avec l'introduction du conciliateur, un non-professionnel. L'Allemagne – suivie par bien d'autres pays – autorise le parquet à classer sous condition ou à renvoyer à des institutions de la communauté toute une série de délits qui sont ainsi « civilisés ».

Ce qui domine est de préserver la qualité de l'offre de justice en diversifiant son intervention, tout en suscitant des modes alternatifs de règlement des conflits.

Mais ce retrait de l'Etat ouvre la voie aux logiques de marché et aux vertus de la gestion, notamment dans le droit pénal. Il n'est pas certain que le justiciable bénéficie de ces économies d'échelle. Des sanctions faibles, rapides et nombreuses réduisent les facteurs d'incertitude pour la défense, tout en maximisant les intérêts de la poursuite et du juge. Un juge anglais a eu le mérite de le reconnaître – *the earlier the plea, the higher the discount,* « plus l'accusé plaide coupable tôt, meilleure sera la réduction de peine » et, pourrait-on ajouter, mieux l'administration de la justice s'en portera. Toutes les démocraties adoptent des réformes qui consistent soit dans l'exclusion totale des plaignants de la procédure (classement sans suite), soit dans leur exclusion partielle (procès simplifié). La négociation est le maître mot. Sous des appellations variables, elle porte sur les charges, la peine et la preuve (*pattigiamento* italien, *plea bargaining* anglo-saxon, médiation pénale française, « bagatellisation » allemande). Or, cette contraction du temps recèle un effet pervers, qui peut anéantir l'effet désiré. La multiplicité des procédures rapides a pour effet une perte de substance du débat judiciaire, conduisant à un effet de boucle bien connu : un traitement rapide d'un conflit laisse les plaideurs insatisfaits et crée les conditions d'une reproduction artificielle des contentieux.

Dès lors que la demande croît sans cesse alors que l'offre reste constante, il faut que des aménagements permettent au système de continuer à fonctionner en l'état. Voilà pourquoi la surcriminalisation, liée à cet accroissement de l'offre, va de pair avec la dépénalisation, voire la privatisation de la justice. Surtout utilisé pour la délinquance quotidienne et les petits litiges, la justice pénale doit, *pour rester efficace,* céder la place à un modèle civil de gestion des intérêts privés. L'Etat ne renonce qu'apparemment à détenir le monopole de la vérité. Il dédouble simplement la scène judiciaire en distribuant mieux son intervention, pour en assurer la perpétuation. Aux Etats-Unis, par exemple, la pratique du *plea bargaining* est réservée aux détenus les plus pauvres et aux minorités ethniques défavorisées, ce qui permet de dégager les moyens nécessaires à la lutte contre la grande criminalité. « La justice négociée omniprésente dans les pays anglo-saxons et qui déferle dans tous les démocraties latines, n'est-ce pas autre chose à l'ère de la dérégulation et du néolibéralisme que l'introduction de l'économie de marché dans la justice pénale[7] ? » Le pouvoir du juge est fortement limité par la capacité de négociation reconnue aux autres parties. Mais qui dira le juste dans une situation purement contractuelle ? Qui rappellera la loi commune, là où la négociation est le seul horizon de l'échange ? Si la réduction des tensions sociales est l'objectif de cette justice négociée, toute idée d'un juste partage en est *a priori* absente. Le juge, capable d'imposer un droit commun précisément parce qu'il est extérieur aux conflits, s'efface derrière la libre négociation des normes. L'adoption d'un tel modèle dans un contexte accru de contractualisation de la vie économique et sociale couve un renoncement symbolique silencieux derrière les bénéfices apparents de sa gestion.

L'irrésistible pluralisme

Ce modèle illustre ce que les philosophes du droit appellent la « déformalisation » de la justice dans l'horizon de la disparition d'un universel étatique[8] : cela signifie que le sens d'une norme n'est jamais *écrit* d'avance dans un texte juridique, mais *résulte* du processus de réalisation judiciaire lui-même. Le traitement des conflits implique d'institutionnaliser des dispositifs adaptés à une société plus complexe et plus fragmentée. Bien des professions peuvent y concourir : avocats, médiateurs, experts, psychologues... Ce qui émerge est un mode de décision qui est négocié, évalué par un savoir partagé, recherchant l'adhésion de tous et jugé, au final, à sa capacité de durer. Ce pluralisme entraîne moins un retrait de l'Etat qu'il n'accélère sa décentralisation et la recomposition de ses formes d'intervention. La démultiplication de l'intervention étatique rend désormais difficile de penser la société à partir d'une représentation centrale et unique. Elle conduit à prendre acte du déclin d'une forme d'Etat, qui dirigerait la société à partir d'un point unique pour ouvrir à une grande diversité de réponses aux conflits. La diversification de l'intervention judiciaire s'est imposée de fait : d'un côté, l'urgence a envahi la justice civile et la justice pénale est gouvernée par le traitement en temps réel des affaires pénales. De l'autre, les pratiques de classement sous conditions et des médiations avant poursuite se généralisent[9]. La production de la règle n'est plus stabilisée dans des pouvoirs institués au sommet. Production et application du droit se mélangent avant qu'ils soient interprétés par le juge lui-même. Les acteurs sont moins définis par des statuts verticaux – la hiérarchie des parquets – que par des actions horizontales – le partenariat, qui valide les actions.

On arrive sans doute au bout d'une longue histoire où le droit d'origine étatique s'épuise à traiter à lui seul et selon un schéma identique la masse et la complexité des conflits. Au temps de l'Etat providence, l'offre de prestations était adaptée à des populations cibles construites par les politiques publiques. Avec la demande de justice actuelle, ce sont les trajectoires d'individus en quête d'appartenance qui passent au premier plan. Les individus veulent satisfaire leur droit subjectif, alors même que les liens collectifs s'étiolent et que l'anonymat social se banalise. La carence du politique à inscrire ces demandes dans un récit collectif est ainsi révélée par la demande de justice. C'est le lien social, la famille, le travail, la qualité de la vie qui animent les citoyens plaideurs, inquiets devant la fragmentation de la vie collective, qu'ils contribuent pourtant à aggraver. Avec l'intervention du juge se joue l'interprétation de l'état moral d'une société dont il se fait le porte-parole réfléchi. « Vie familiale normale », « juste motif de licenciement », « droit à l'environnement » : de grands principes en concepts flous, le droit est bel et bien réinventé au-delà des règles abstraites qui en masquaient la source morale.

B. Les « entreprises morales »

Une nouvelle exigence morale encouragée par le législateur vient donner une dimension inédite à cette demande de justice. En témoigne la volonté de consacrer, ces dernières années, de nouveaux droits aux associations. A côté de nombreuses administrations qui ont le pouvoir de transiger ou de saisir la justice, les associations offrent un tremplin à des porteurs de « causes » qui développent une stratégie destinée à peser sur les choix de l'Etat. En l'absence, en France, de la *class action* (action contentieuse de groupe en droit américain), la loi renforce les moyens d'agir en justice du mouvement associatif[10]. Mais il ne s'agit plus de droits-créances quémandés à l'Etat providence. Tout au contraire. La société civile use du procès, car il ouvre à nouveau la question du juste et de l'injuste, qui n'est plus close par la loi une fois pour toutes. La scène judiciaire pose des questions qui touchent le vivre-ensemble et font émerger de nouveaux liens de citoyenneté.

La réparation faite à l'environnement

Il y a quelques années, le vice-président du Conseil d'Etat avait justifié dans une tribune libre du journal *Le Monde* la valeur du dualisme juridictionnel français, en comparant les politiques nucléaires française, allemande et américaine. Aux Etats-Unis, comme en Allemagne, disait-il, le juge avait donné satisfaction aux défenseurs de l'environnement au nom de la protection des caribous en Alaska, ce qui avait gravement entravé la politique nucléaire. Au contraire, en France, cette politique n'avait pas été paralysée, parce que le Conseil d'Etat, du fait de ses fonctions de conseil du gouvernement, avait mieux compris les motifs d'intérêt général de cette politique. Voilà donc le juge félicité pour s'être comporté en administrateur avisé des ressources énergétiques, afin de justifier la poursuite de la construction des centrales nucléaires[11] !

Les temps ont bien changé. Le juge administratif ne se targue plus d'être un juge qui gouverne, surtout en matière d'environnement. Un mouvement profond ne cesse de s'approfondir depuis l'accident nucléaire de Tchernobyl : l'opinion demande des informations contrôlables, puisées à plusieurs sources indépendantes échappant à la raison d'Etat. Aux logiques commerciales ignorant les concepts de l'écologie s'opposent les normes du droit international. L'intérêt général s'ouvre aux expressions multiples d'intérêts collectifs. Sous l'afflux des recours, toute une gestion publique est mise à nu. Que voit-on ? Un ordre pénal éclaté, aux dispositions hétérogènes et non coordonnées. Une politique publique indigente qui laisse un dispositif répressif pléthorique et largement sous-utilisé. Une répression qui, lorsqu'elle intervient, laisse profondément insatisfait, tant elle s'attache à sanctionner, non une atteinte à l'environnement, mais la non-conformité à des procédures administratives.

Cela explique que les associations prennent directement leurs affaires en main. Consultées au moment de la prise de décision et disposant du pouvoir d'agir en justice au nom de leurs intérêts, elles deviennent des partenaires obligés de l'Administration. Face à des collectivités locales aux vastes projets d'urbanisme mais fort peu contrôlées, les associations assurent *de fait* le contrôle des procédures et des décisions. Nombreuses sont les associations qui, armées de leurs droits de partie civile, peuvent se comporter en redoutables procureurs – véritables « ministères publics *bis* » – et refusent toute transaction. On voit ici comment le droit permet aux *lobbies* d'organiser leur existence à travers la cause qu'ils défendent. Alors que l'Administration est outillée pour faire respecter les normes existantes, les associations recherchent avant tout la réparation faite à l'environnement.

La justice est mobilisée dans sa capacité de proposer, à l'occasion d'un débat ouvert, des règles qui protègent ce cadre devenu périssable et fragile de la vie humaine. Là encore *les* droits – au sens d'une source morale de la vie collective – assurent la légitimité de la revendication. Ne faut-il pas, se demande-t-on, réinterpréter le droit à la sûreté comme ouvrant droit à « disposer d'une terre pleinement habitable[12] » ? Contre l'absolutisme du droit de propriété, n'est-il pas opportun de retrouver la vieille notion de *patrimoine*, institution à la fois personnelle et matérielle, fondée sur la responsabilité intergénérationnelle ? On voit naître une politique publique, à l'initiative des parquets, qui pratique la concertation entre tous les acteurs impliqués – y compris les associations – sur des objectifs de protection de l'environnement. Le discours associatif est pris pour ce qu'il est : un mode alternatif de solution d'un problème qui récuse l'action administrative au nom d'une exigence morale. De là vient la naissance d'un ordre public écologique largement négocié et non réductible à un intérêt général dont l'appréciation souveraine serait « comprise » par son juge.

L'équité au service des squatters

Le droit au logement est une autre conjugaison possible entre action judiciaire et défense des intérêts collectifs. Ce droit – trop implicite pour être reconnu jusqu'à une date récente[13] – est tissé de combats entre des demandes de pure équité et le simple respect de la loi. En 1956, dans un opuscule préfacé par Daniel Rops et dédié à l'abbé Pierre, un magistrat alsacien justifiait l'acquittement des squatters au nom d'une « insurrection de la justice sociale contre les codes périmés ». « A qui ferait-on croire, disait-il, que l'on sert la paix sociale en jetant des familles à la rue ? » Aujourd'hui, cette indignation morale trouverait un singulier écho dans une société dominée par une vulnérabilité de masse. Une grande part des affaires civiles des tribunaux d'instance oppose les offices d'HLM aux locataires sans ressources avec, pour enjeu, le moment de l'expulsion. Les associations pour le droit au logement cherchent à repousser le plus possible les expulsions, en obtenant leur annulation ou des délais pour des raisons humanitaires. Au nom d'une exigence de justice, des intérêts acquis doivent reculer, des arbitrages doivent être rendus, une autre répartition des biens, plus juste, doit être proposée. Refusant d'être seulement sollicitée pour donner un titre exécutoire permettant l'expulsion, elle devient ici le lieu d'un débat moral où s'exprime l'antagonisme entre droit *au* logement et les abus du droit *de* propriété. Ainsi la justice, réceptive à une requalification morale du droit, opère un réinvestissement du débat sur le juste et l'injuste.

Dans une affaire récente, une occupation a été « jugée contraire à la loi mais dictée par l'état de nécessité », en s'appuyant sur une décision du Conseil constitutionnel qui consacre le droit au logement comme un « objectif de valeur constitutionnelle [14] ». En référence aux principes définis par le préambule de 1946, le droit de disposer d'un logement décent est posé comme préalable. Cette position de principe n'est plus l'expression d'un « humanisme flottant », comme le disait Gény à propos des « passades de jurisprudence » du juge Magnaud, jadis célèbre pour ses décisions en équité [15]. En réponse au cri « C'est injuste ! » s'ouvre une scène d'explication sur les partages injustes, où résonne la crise sociale tout entière. Au moment où le Conseil constitutionnel prend cette décision (hiver 1994), le thème du logement social pèse dans la campagne présidentielle qui s'amorce. Toute une protestation collective s'organise autour du mouvement des sans-logis et des exclus. Autour de la figure de l'abbé Pierre, des ecclésiastiques, des intellectuels et des élus viennent soutenir les occupations d'immeubles vacants. Pour qu'un autre droit s'impose, il faut des « porteurs » de droit qui nouent les argumentations, mettent en forme les litiges et les acheminent en justice. Le Conseil constitutionnel est, à sa manière, un porte-parole qui entre en résonance avec la société tout entière. Il construit en causes politiquement légitimes des indignations qui, sans lui, seraient restées une collection d'intérêts sans représentation.

Naturellement, comme dans le domaine de l'environnement, la dérive vers le « caritatif médiatique » est toujours à redouter. Il n'est jamais certain que l'émotion passagère débouche sur une stratégie argumentative, capable d'afficher leur légitimité dans l'espace public. Ce qui se joue est d'ouvrir une scène où l'Etat soit contraint à revoir des règles moins utiles, parce que la société les a trouvées trop injustes. Entre une règle instrumentale et une revendication purement émotionnelle s'intercale une argumentation qui reformule la source morale du droit. Le débat sur l'utile et le juste déplace les frontières où la loi l'enfermait. Les associations deviennent des *entreprises morales*, au sens où l'entendait Howard Becker [16], c'est-à-dire qu'elles désignent elles-mêmes une déviance contre laquelle elles construisent la pureté de leur cause : dénoncer par un jugement public l'Etat transgresseur, au nom d'un droit juste, est souvent l'enjeu de tels procès. Il est possible de démontrer ainsi qu'une collectivité publique qui garde des logements pour des raisons purement spéculatives a peut-être le droit de le faire, mais crée des situations objectivement attentatoires aux droits de l'homme. Voilà ce dont est saisi *en fait* le juge : une question d'équité. Le fait nouveau est que l'indignation morale, loin d'être une protestation subjective, est soutenue par des références juridiques mises au jour par le Conseil constitutionnel, portées par le mouvement associatif et relayées par les médias. On sort du dialogue impossible entre une morale incantatoire et des droits acquis, pour faire jouer la prééminence d'un droit fondamental sur une loi injuste.

La défense de la société salariale

L'intensité de ce type de débat atteint un paroxysme dans les relations du travail. Aujourd'hui, les « plans sociaux » sont presque exclusivement contrôlés par la justice, du fait de la suppression de l'autorisation administrative de licenciement. La résolution des conflits du travail émigre de l'administratif vers le judiciaire. Aucune autre affaire ne prolonge autant les voies de recours jusqu'à la paralysie de certaines cours d'appel. Les acquis des lois sociales sont désormais mobilisés par des porteurs de cause devant les tribunaux. Là où le pouvoir est, dans l'entreprise, par définition, asymétrique, le tribunal est une arme pour les salariés. Il n'est guère de négociation qui ne se déroule à l'ombre de la justice. Dans une société où règne l'emploi précaire, « aller aux prud'hommes » est devenu l'horizon de bien des vies professionnelles.

Ici, plus qu'ailleurs, la déréglementation a aspiré la judiciarisation. Les patrons le sentent bien, eux qui s'estiment « mal aimés » et « incompris » par les juges, sans doute parce que ceux-ci sont des tiers par rapport à eux. Ils ne négocient plus avec une administration (l'inspection du travail), davantage faite pour la pédagogie de la norme que pour une sanction qui viendrait saper cette pédagogie. Ils préparent des dossiers face aux avocats de salariés et redoutent l'efficacité de jugements sans concession pour leurs plans sociaux. Avec les actions collectives menées par les syndicats, au-delà du contrôle des droits individuels, c'est toute la gestion de l'entreprise qui est passée au crible. À côté d'une politique qui fait de l'emploi une priorité, les juges assurent le contrôle des plans sociaux et notamment les « aménagements » des politiques de production des grands groupes. C'est ainsi que l'on a vu le tribunal de Nanterre récemment sanctionner la fermeture de l'usine de Vilvorde pour non-respect de la consultation du comité d'entreprise européen. Au moment où l'emploi s'affiche comme la priorité politique, la défense des emplois passe silencieusement sous le contrôle du juge.

L'évolution de ce contrôle est spectaculaire. On est passé, en quelques années, d'une époque où l'employeur était seul juge à une autre où il était faiblement contrôlé par les tribunaux administratifs et, enfin, à la nôtre, où le contrôle exercé par le juge judiciaire est bien plus complet. Naturellement, le juge n'aspire pas à promouvoir une utopique démocratie dans l'entreprise. Mais l'existence d'une instance de contrôle effective sur la *légitimité* d'une rupture du contrat de travail ou de plans sociaux rééquilibre un pouvoir fort peu partagé dans l'entreprise. Trop longtemps, la désyndicalisation, jointe à l'individualisation du travail, laissait le salarié seul et sans protection face au pouvoir de l'employeur. Désormais, un droit à l'emploi semble se substituer au droit du travail. Le droit s'adapte à une époque où le licenciement n'est plus un recours ultime, mais un mode de gestion courant des entreprises lancées dans une course à la productivité. S'il est vrai que « le droit du travail a signifié une réincorporation de l'identité du travailleur dans le droit des contrats[17] », sa défense a valeur d'un rappel de cette promesse instituante. Au moment où un chômage massif fragilise cette protection, où l'on nous annonce la fin de la République salariale, n'est-ce pas à une question identitaire que répond, en fin de compte, l'intervention du juge « social » ?

La juste place des étrangers

Avec le statut des étrangers, un seuil nouveau est franchi. Ce n'est pas par hasard si le conflit le plus aigu entre un gouvernement et le Conseil constitutionnel a porté en 1993 sur le droit d'asile. Le droit des étrangers hante la démocratie, lui qui est sans cesse remis en chantier depuis la Libération. Jamais l'antagonisme entre le droit comme défense de l'individu ou comme instrument des politiques gouvernementales n'aura été aussi radical. L'exilé ne s'humanise que dans les fictions juridiques que lui accorde son pays d'accueil. Qu'on les lui retire, et il n'existe plus que dans la projection de nos peurs. La figure du clandestin incarne à la fois une absolue vulnérabilité et une menace d'invasion. Son destin se joue entre désolation et répression. La chance de l'immigré est l'accès au droit d'asile, à un titre de séjour, à une vie familiale normale. Bien plus qu'un simple droit, c'est le dernier constituant politique de son identité, lui qui n'appartient plus à personne et peut polariser la haine de tous. Comment comprendre autrement que la figure du clandestin hante de la sorte nos démocraties, dès lors que cet homme errant est aussi mon frère ? Il donne un visage insupportable de la mondialisation de la misère, où le ressort moral de la démocratie peut se briser.

Face à de tels enjeux, l'État est pris en tenaille :

d'un côté, il doit faire face à l'ouverture des frontières européennes et, de l'autre, les droits individuels portés par les mouvements d'opinion s'organisent. Le droit devient une ressource capable d'être mobilisée contre l'Etat : n'a-t-on pas vu ces associations utiliser la *voie de fait* pour obtenir du juge des référés la condamnation de l'Administration, qui refuse de délivrer des titres de séjour ? Ou encore la Cour de cassation invalider des contrôles d'identité, en affirmant « qu'il n'est pas dans la vocation du juge de cautionner l'action de l'Administration » ? Ici, le droit comme équité s'oppose à la loi comme acte injuste et à l'Administration comme figure de cette injustice.

Dans ce domaine comme dans bien d'autres, la loi n'a plus seule la maîtrise du changement social. Elle doit composer avec des entrepreneurs moraux issus du monde associatif, ce qui change le régime d'énonciation de la norme. Les médias, en faisant résonner dans l'opinion les décisions du Conseil constitutionnel, renforcent le mouvement. « C'est ainsi que le Conseil constitutionnel a donné raison aux dizaines de milliers de manifestants qui étaient descendus dans la rue à Paris », commente *Libération* au moment de la décision sur les zones de transit dans les aéroports[18]. Loin d'être déduit de la lecture des textes par des administrations, le droit est *demandé* à la justice, qui est sommée d'y répondre. Il n'est pas épuisé une fois pour toutes par l'expression de la volonté majoritaire. Le juge incarne la possibilité d'une nouvelle délibération pour définir la règle dont l'application serait injuste. Le droit renouvelle son sens dans une énonciation qui est restituée à la société elle-même.

Rendre justice. Jamais une telle expression n'a eu autant de sens que dans ce contexte. L'adhésion massive – à l'appui de sondages réalisés par plusieurs journaux – à la décision du tribunal de Poitiers, qui avait relaxé une mère de famille ayant volé de la viande pour nourrir son enfant, n'est-elle que le fruit d'une société compassionnelle ? Sans doute en partie. En démocratie d'opinion, une image ou un témoignage suffit pour que la misère la plus singulière devienne un scandale moral. Mais, en période de précarité, l'équité ne fait plus sourire. C'est en touchant du doigt ces destins singuliers, fût-ce par l'image, que l'on rencontre ce qu'est une distribution injuste. L'équité n'est plus cette valeur résiduelle du droit, la part maudite du jugement méprisée par les tenants du positivisme juridique. Au contraire, elle est ce principe qui rend présente dans tout jugement la finalité de justice qu'il doit poursuivre.

Une représentation politique élargie

Assiste-t-on pour autant au déclin du politique, rongé par la montée des intérêts particuliers ? Il est certain qu'une société en pleine émancipation provoque l'érosion des mythes fondateurs qui cimentent la République. La sphère politique n'a plus la position de surplomb qui lui permettait d'incarner l'instance décisive du changement par un savoir immanent. Tout au contraire, elle doit partager cette fonction avec d'autres modes de représentation. Le Conseil constitutionnel a formulé en une litote l'atteinte symbolique touchant le *légicentrisme républicain.* « La loi votée *n*'exprime la volonté générale *que* dans le respect de la Constitution[19]. » Mesurons-en bien la portée. Cela veut dire que, désormais, toute élaboration de la loi doit intégrer une stratégie d'anticipation de la *jurisprudence* du juge constitutionnel. Quand on sait que les administrations préparent la plupart des lois, imposent aux parlementaires de négocier le moindre amendement et maîtrisent ensuite leur mise en œuvre, on devine la portée de cette litote. Mais cela signifie aussi que ce noyau de pouvoir autour de l'exécutif cache, en réalité, une participation toujours plus grande d'« acteurs législatifs » qui peuvent invoquer des droits contre la loi. Le pilotage vertical est remplacé par un rapport d'incitation et d'évaluation mutuelle. Les groupes d'intérêt – dans un pays où 70 000 associations sont créées chaque année, soit trois fois plus qu'il y a vingt ans – sont souvent systématiquement associés à l'élaboration de la loi et à sa mise en œuvre. « Pour influencer la société civile, l'Etat a dû partager le droit de faire du droit avec les groupes privés organisés [...]. L'intérêt public devient la synthèse des intérêts corporatistes qui ont réussi à s'imposer dans le processus de formation de la loi[20]. » Dans cette requalification de l'intérêt général par de multiples acteurs, le legs de l'Etat providence pèse très lourd. En voulant agir toujours plus avant dans la vie collective, il a brouillé très tôt la frontière entre la *création* de la loi et son *application*. Dès lors que ce qui compte est la réalisation des objectifs poursuivis, il introduit une circularité entre tous les acteurs, une auto-évaluation permanente et plurielle des programmes. Ce qui domine, c'est un droit d'élaboration permanente, faisant agir plusieurs acteurs et dont l'intervention est nécessaire pour que la norme puisse *prendre sens*. La loi s'épuise, dans des effets d'annonce, à préserver une valeur symbolique qu'elle partage désormais de sa formulation jusqu'à son application, ce qui révèle son énoncé souvent expérimental et parfois émotionnel, mais toujours révisable et négocié. Pourquoi ne pas le dire plus nettement ?

Mais cette mutation est masquée par la méfiance séculaire et passionnée des élites à l'égard du fait associatif, surtout lorsqu'il n'est pas sous leur contrôle, c'est-à-dire lorsqu'il n'est pas le double de l'Administration ou du politique ! D'où la dénonciation d'associations présentées comme de « véritables Antigones subventionnées qui s'approprient la fonction tribunicienne des corps intermédiaires[21] ». Or, les associations portent de véritables fonctions collectives. Brisant le binôme intérêt général/intérêts particuliers, leur mouvement protestataire fait apparaître de nouveaux intérêts publics dont le droit assure la légitimation. Dans un pays où l'intérêt général ne souffre aucune concurrence, où les élites républicaines – l'énarque et l'ingénieur – décident de tout au nom d'une rationalité exempte de tout contrôle démocratique, les conflits sont inévitables.

La nature même des intérêts défendus tend à diversifier les stratégies de l'action collective. Dans les affaires de corruption à faible visibilité sociale et où les preuves sont difficiles à réunir, les victimes choisissent la constitution de partie civile devant le juge d'instruction, ce qui leur permet d'obtenir à peu de frais les investigations qu'elles souhaitent : l'Association pour la défense des actionnaires minoritaires (ADAM) est à l'origine de bien des plaintes pour abus de bien sociaux[22]. D'autres choisissent le « coup médiatique » sur le modèle de l'organisation écologique Greenpeace. Tel « Act up » ou le « DAL » (droit au logement), elles utilisent l'émotion créée dans l'opinion pour peser sur la décision politique. D'autres encore font pression sur le contrôle de légalité exercé à l'initiative des préfets sur les décisions des collectivités locales, ce qui renverse le rapport de force dans la négociation : plus d'une fois, c'est lorsque les associations menacent de faire un recours devant les tribunaux administratifs que la pression est efficace. Activisme associatif, dira-t-on ? Plutôt une demande politique qu'une non-reconnaissance paralyse et radicalise tout à la fois.

Conséquence de tout cela, le principe d'égalité est, lui aussi, sérieusement remis en cause. L'idée que la justice doit être la même pour tous suppose une uniformité des formes de justice. Or, une absolue égalité devant la justice n'est pas forcément souhaitable dans tous les cas. Le développement de la médiation introduit une égalité plus participative dans la résolution des conflits. La codétermination de la décision suppose l'implication de tous les acteurs à la production de la norme. Le souci d'équité déborde la simple égalité des chances, comme le montre la discrimination à l'œuvre, en France, dans la politique de la ville. Cela ne veut pas dire que l'égalité des chances doive disparaître, mais qu'elle s'ouvre à une intervention active et différenciée des citoyens dans l'espace public. Mais le risque n'est-il pas que se multiplient des espaces normatifs sans référence à un droit commun ? Que le droit se négocie au gré des relations de confiance/méfiance entre les acteurs ? Que les rapports sociaux se nouent selon des arrangements privés et selon des clivages qui tiennent plus des amitiés et des rapports de force que de l'intérêt général ? Ce risque, au fond, n'est-il pas celui d'une « reféodalisation[23] » de la société, livrée au seul jeu d'intérêts favorisé par le découplage du droit et de l'Etat ?

Il est certain que le retrait, au moins apparent, de l'Etat dans nombre de domaines rend la société française plus fragile que d'autres. « La tension entre l'individuel et le collectif est constitutive des sociétés modernes, écartelées entre l'élargissement permanent de la sphère privée et l'aspiration rémanente de la définition d'un bien public[24]. » Cette tension, valable pour les sociétés démocratiques, vaut spécialement pour la France. N'oublions pas que nous n'avons pas les médiations sociales qu'ont les sociétés voisines, tel le *self government* en Grande-Bretagne ou le fédéralisme en Allemagne, où la tradition du droit est, de surcroît, forte. Les victimes élaborent leur cause, cherchent les moyens de la faire connaître et veulent participer elles-mêmes au processus de décision. Mais c'est par tâtonnements que s'opère, dans un pays où les corps intermédiaires sont traditionnellement dénoncés comme des privilèges exorbitants, une extension possible de la démocratie représentative par des acteurs collectifs sans identité politique. Ces nouveaux porte-parole favorisent l'expression des minorités qui cherchent à obtenir des arbitrages en marge du pouvoir politique ou contre lui. Ce n'est pas *a priori* une volonté de détruire les bases du politique en jouant la carte de la démocratie directe, mais, au contraire, une invite à refonder l'alliance du peuple et de ses représentants. Voilà ce qu'exprime la montée en puissance du juge : donner une consistance démocratique à cet *excédent* de souveraineté populaire qui échappe à l'expression du suffrage.

Faire vivre cette expression, est-ce déchirer le mythe républicain ? Bien sûr, la référence qu'il représente ne reste pas intacte. Mais faut-il pour autant continuer d'y voir le conflit de légitimités concurrentes vouées à une opposition radicale ? N'est-il pas temps de sortir du procès perpétuel que se font, par justice interposée, société civile et légitimité politique ? La justice exprime moins un contre-pouvoir qu'un pouvoir tiers. Sa force n'est pas de susciter une opposition politique, mais, en accueillant la plainte, d'imposer un surcroît de délibération. Son intervention signifie que le droit appartient, non au seul intérêt général, mais à tous ceux qui peuvent démontrer la légitimité de l'intérêt qu'ils défendent. Par le travail de l'argumentation, elle tisse de nouveaux rapports entre l'individuel et le collectif, en liant la plainte à sa validation par une parole d'autorité. La représentation politique est ainsi enrichie et renouvelée par ces médiations, qui lui donnent une consistance nouvelle. A côté du mandat politique des représentants apparaît l'espace d'une démocratie plus participative, où l'énoncé des normes du vivre-ensemble se définit en commun. L'émergence de la démocratie d'opinion va donner une intensité accrue à cette métamorphose.

V

Les équivoques de la démocratie d'opinion

« La mère, l'enfant, la mort. » On se souvient de ce triangle noir qui fit la une de tant de journaux durant l'affaire Grégory. Publiées dans la presse, les photos de l'enfant repêché dans la Vologne déclenchèrent une frénésie médiatique peu commune. Tout le déroulement ultérieur de l'affaire semble guidé par la recherche d'une image équivalente en intensité émotionnelle. Dans ce scénario, les seuls rôles acceptables sont ceux de la victime innocente et du criminel immonde. Christine Villemin fut « sublime, forcément sublime », avant d'incarner, pour les mêmes médias, l'horreur du crime d'infanticide. Mais qu'elle bénéficie d'un non-lieu dix ans après, et seuls quelques papiers dans toute la presse française l'évoquent[1] ! Telle est la loi d'un monde dominé par la narration de l'événement pertinent du seul fait de l'émotion qu'il produit. Une décennie plus tard, c'est l'argent facile, l'ivresse du pouvoir et l'honneur bafoué qui deviennent le nouveau récit idéal. La substitution des affaires de corruption aux faits divers place, cette fois, la démocratie tout entière sous la dépendance des récits imposés par les médias.

Cette démocratie d'opinion naît d'une délégation de pouvoir à des acteurs non démocratiquement choisis. En donnant directement la parole au peuple par médias interposés, elle délaisse les mécanismes institutionnels, au demeurant grippés, de la démocratie majoritaire. Ainsi naît l'*idéologie invisible* qui, selon Claude Lefort, donne son récit pour de l'information, place l'action politique sous le jugement de moralistes inconnus et enseigne une vérité de l'histoire, dont elle est seule juge [2]. En présentant les hommes politiques comme hommes parmi des hommes, cette idéologie brouille le rapport du privé et du public et rend inintelligible le politique. Responsabilités et statuts de chacun se diluent dans un bain médiatique, où circule l'entre-soi des amitiés et des services rendus. Au miroir de la démocratie d'opinion, notre perception du politique ne distingue plus l'objet observé et l'image qu'elle en donne.

A. « Chevaliers blancs » contre élites corrompues

L'image de l'enquêteur solitaire, seul contre tous face à un monde décadent, correspond bien à une époque de remise en question des élites gouvernantes. Le juge, lui, se trouve symétriquement paré des vertus qui leur font défaut. A l'opposé d'un personnel politique corrompu, il est présenté comme le dernier rempart de la morale.

La justice vibre tout entière des exploits qu'une opinion prompte à s'émouvoir lui crédite. Deux ingrédients narratifs sont indispensables pour que le récit prenne forme.

Une histoire policière…

Toute « affaire » se présente comme une tragédie antique, où le chœur scande le récit du drame. Racontant ce récit, la presse oscille entre trois rôles possibles : accuser, défendre ou juger. L'investigation lui offre son plus beau rôle, celui du juge impartial qui ne sort les affaires qu'après une enquête irréprochable. La racine de la collusion de deux postures professionnelles, celles du juge d'instruction et du journaliste d'investigation, n'est pas à chercher ailleurs. L'un et l'autre sont des héros solitaires, qui recherchent la vérité et construisent un récit intégralement écrit. La presse connaît ses héros depuis longtemps. Des *muckrakers,* les « remueurs de boue » de la presse américaine des années 1910, aux célèbres papiers dénonciateurs d'Albert Londres, les journalistes ont toujours été les « chiens de garde de la démocratie », comme le rappelle la Cour européenne des droits de l'homme. En France, la presse est très tôt investie d'un rôle de dénonciation politique, depuis le fameux *J'accuse* de Zola, date de naissance de la démocratie d'opinion. Ses cibles privilégiées ne changent guère. La République n'aime pas les « gros » et cultive la haine du bourgeois. Orchestré par un Barrès dans l'entre-deux-guerres, puis par la gauche contre la finance internationale et les pouvoirs occultes de banques apatrides, le mythe des « gros » n'a cessé d'alimenter notre imaginaire républicain[3]. Il suffit d'une cause « porteuse » et d'un talent de plume pour mobiliser cette passion latente.

Quelle en est la recette ? Un journaliste d'investigation, Denis Robert, nous la donne. Une information obtenue sur un homme politique devient vite une machine de guerre où la publication de l'article a valeur de mise à mort. Comment faire « tomber » un politique[4] ? La méthode consiste à accuser par voie de presse, sans autre vérification qu'une réponse que le journaliste estime imparfaite ou embarrassée. Une information suffit. Un fax envoyé à la personne visée fait le reste. On chercherait vainement le travail de vérification et d'enquête. Ce qui semble déterminant, c'est d'avoir au bout de sa plume un « gros gibier », qui va trembler ou implorer sa clémence disant, comme l'un d'entre eux : « Si vous continuez, vous aurez ma mort sur la conscience[5]. » Comment songer un instant à contester le choix de sa « victime », la qualification de la faute, l'évaluation de la preuve et le mode de sanction ? Ici, l'investigateur réunit seul les pièces à charge. La publication dans le journal est moins une sentence qu'une mise en accusation dans l'espace public médiatique.

Mais le journaliste n'est, d'une certaine manière, que le metteur en scène. Le véritable héros est le « petit » juge, seul face aux « gros ». Ce petit juge résonne fortement dans l'imaginaire républicain. Les journaux multiplient les portraits de juges « austères et courageux » (Renaud Van Ruymbeke), « travailleurs infatigables » (Eric Halphen) ou « impitoyables » comme Eva Joly. Les mises en pages du *Monde* ou de *Libération* présentent le même scénario : à partir d'une poussière d'affaires instruites dans leurs cabinets, les juges encerclent la mairie de Paris et marchent sur la présidence de la République... Où vont-ils s'arrêter ? Ce pourfendeur de vérité – lâché par une hiérarchie molle et servile – ira jusqu'au bout, face à ceux qui se cachent, se rétractent, louvoient. C'est ainsi, par des actes de dissidence isolés et pour cela formidablement médiatiques, que le juge devient un acteur de la démocratie d'opinion. On songe naturellement à la perquisition de Thierry Jean-Pierre dans l'affaire Urba en 1991 : un juge, seul contre tous, avec sa seule greffière et abandonné par les policiers, marche sur le siège du PS. Que sa démarche soit qualifiée de « cambriolage judiciaire » par un ministre apporte un piment narratif supplémentaire. Qu'une bévue, dans une affaire très suivie, confine au grotesque – affréter un hélicoptère pour rechercher un procureur en vacances – est inespéré. Pièce maîtresse de ce scénario, le juge, « ultime rempart des sociétés démocratiques face au chaos [6] », brandit à tout instant son indépendance menacée et sa juste quête de la vérité. Ainsi les médias écrivent-ils la légende de l'émancipation judiciaire arrachée à un exécutif usé par les compromissions.

Un coupable puissant et sans scrupule

A l'autre bout, la cible n'est jamais choisie au hasard. Les tabous auxquels ces porte-parole de l'opinion s'attaquent varient selon la culture politique. Alors que les scandales portant sur la vie privée des politiques fleurissent chez les Anglo-Saxons, ils se font rares chez nous. Nous n'avons pas l'équivalent d'une affaire Profumo, où des dirigeants anglais furent compromis dans des réseaux de *call girls*, ou encore d'un *Monicagate*, où les aventures sexuelles de Bill Clinton sont passées au crible. Il y a un sens de la limite à ne pas franchir, que la presse ne défend que parce que l'opinion l'accepte implicitement. C'est une règle d'or de la démocratie d'opinion : respecter les seuils de la morale publique qu'une société se donne. La presse est sur cette ligne de crête : dévoiler cet implicite moral, non le transgresser. Quand Michel Rocard, il y a quelques années, révèle publiquement son divorce, il plonge la presse dans une grande perplexité. La vie privée ne l'intéresse guère, tant qu'elle n'est pas la matrice d'un scandale. Une affaire ne peut naître qu'à condition de coller à un imaginaire républicain où la dénonciation des profiteurs est privilégiée, gauche et droite confondues. Qu'était-ce d'autre que l'affaire de Panama, où plus de cent députés « chéquards » furent compromis et où tous plaident déjà l'absence d'enrichissement personnel ? Du scandale de Panama à l'affaire Carrefour du développement, les scandales sont sur la même ligne, qu'il s'agisse de gestion frauduleuse du financement des partis ou du délire sans frein d'élus locaux affranchis de toute tutelle. L'essentiel est là : tenir un *vrai scandale.* Un scandale, c'est-à-dire deux acteurs clairement identifiés par le narrateur – en l'occurrence un coupable, fortuné de préférence, et un justicier incorruptible – qui fabrique la « belle » histoire attendue par son public.

La communication médiatique se substitue au fonctionnement de la démocratie. Le grand espace public médiatique dévore les « espaces publics restreints[7] » qui assuraient l'humble exercice de la démocratie. La télévision devient l'institution qui absorbe toutes les autres, en particulier la justice, tant son besoin de diriger, de contrôler et de juger envahit tout. Les « affaires » offrent aux médias des possibilités infinies de scénarisation : alors que le fait divers se politisait dans les années 1970 – on se souvient des articles de *La Cause du peuple* au moment de l'affaire de Bruay-en-Artois –, désormais, la vie politique se traite comme un fait divers. Cet espace public uniforme fabrique un grand récit imaginaire, qui obéit à la fois aux règles de la communication de masse, aux implicites moraux d'une société et à la soif jamais étanchée d'un marché avide de belles histoires.

B. Politiques persécutés et juges « revanchards »

Rédempteur de la démocratie, le juge peut être tout autant considéré comme son fossoyeur.

L'histoire d'une vengeance des juges contre les politiques s'oppose diamétralement à celle de la croisade du petit juge contre les « gros ». Le mal change de camp, mais le ressort narratif mobilise le vieux fond d'hostilité au monde judiciaire. Déjà, en pleine affaire Dreyfus, alors qu'un juge d'instruction du nom de Bertulus sortait l'affaire en inculpant Esterházy, la presse antidreyfusarde foudroyait ce magistrat juif « suppôt du syndicat Dreyfus ». « Il est amusant ce juge en us... ce juge d'instruction d'opérette, mais il est tout de même un peu trop bête... *Bertulus unus, Bertulus nullus*[8]. » Aujourd'hui, le mépris du juge est prêt à resurgir, tant les ressorts de cette rhétorique restent puissants.

Le juge, l'ennemi intérieur

Les masques de l'ennemi intérieur varient à l'infini. Ce qui domine aujourd'hui, c'est la « guerre » sans merci livrée contre les puissants – principalement, les politiques – par les juges. Le thème de la *revanche du juge* provincial, mal payé et méprisé par la République, est omniprésent. La guerre prend des allures d'affrontement personnel quand le juge, pour accrocher les « belles affaires » à son tableau de chasse, sait aussi jouer de sa séduction[9]. La société judiciaire est peuplée d'individus dans une profession assoiffée de revanche. L'instruction d'une affaire est un combat impitoyable et inégal entre deux individus, où le juge devient un shérif sans scrupules. On a beau objecter que les juges ne trouvent pas les affaires au coin de la rue et qu'ils n'agissent que sur plainte. Peine perdue. Comme dans les toiles ténébreuses de Goya, les identités professionnelles sont indistinctes tant elles sont investies par les passions politiques qui les submergent. La fureur des juges emporte tout sur son passage. N'a-t-on pas attribué le retentissement de l'affaire Dutroux en Belgique à ce mot d'un procureur : « La chasse est ouverte ! » Rien ne semble pouvoir s'opposer à leur puissance inquisitoriale. Le portrait est composé pour ne laisser apparaître que la violence de l'envie. Cette rhétorique de la persécution est bien illustrée par ce mot de Bernard Tapie, cette fois, lors d'une mise en examen : « Je suis poursuivi par mon juge comme un Juif par la Gestapo. »

Revanchard, ce juge est surtout *nocif*. Cette nocivité est d'abord économique. L'alliance juges-médias se fait contre la démocratie qui agit, se multiplie sur les fronts de l'emploi et de la compétition économique. Il est significatif qu'un président de conseil général dans le dossier Gigastorage, mis en détention provisoire, se pose en défenseur de l'emploi. Qu'un P-DG se plaigne du retentissement de sa mise en examen pour sa société. Qu'un trésorier de parti politique plaide son rôle au service de la démocratie. Le juge peut-il appliquer la loi sans prendre en compte les conséquences économiques – notamment sur l'emploi – de ses décisions, le crédit d'une entreprise sur le plan international, bref, l'image de la France elle-même ?

La nocivité politique n'est pas moins forte. Le

juge, en effet, provoque une insécurité en créant une norme concurrente à la souveraineté républicaine. De quel droit cette corporation se permet-elle de venir sur le terrain de la souveraineté nationale ? Tout se passe comme si, dans un pays où l'unité nationale est un sujet tabou, le moindre accroc dans cette construction sacrée mettait en jeu la totalité des valeurs républicaines. Il suffit de peu de chose pour apparaître comme l'adversaire de la nation, et donc un mauvais Français. Ce n'est pas un hasard si les partis politiques et la justice sont, dans tous les sondages, les institutions dont les Français ont la plus mauvaise opinion : ils figurent la division qui remet en cause l'unité de tous. La résurgence d'un « corporatisme judiciaire de sinistre mémoire », nourri par « l'ennemi intestin que constitue le syndicalisme[10] », en est le signe manifeste. On ne compte plus les catastrophes provoquées par un juge, acteur irresponsable d'une démocratie d'opinion sauvage. La presse, quant à elle, offre une tribune permanente pour un juge devenu l'ange exterminateur de la démocratie. Telle est la pétition de principe : loin d'être le fait du pouvoir politique, le despotisme vient des juges syndiqués *et* de la tyrannie des intérêts corporatistes. Le syndicalisme judiciaire de gauche, cocktail subversif concentrant ces deux figures, devient la cible qui polarise ses adversaires.

La presse, l'allié objectif

Tout se passe, dans ce scénario, comme si le peuple, se sentant trahi par les élites, se ruait aujourd'hui vers les démagogues, au premier rang desquels, le juge et la presse. De là vient le thème d'une alliance entre juges et journalistes guidés par la tentation d'accaparer totalement la démocratie. « Pendant des siècles, explique Alain Minc, l'Etat a voulu domestiquer les uns et les autres au nom du centralisme [...]. Leur complicité ne date pas d'hier ; elle s'est forgée dans une émancipation simultanée[11]. » Juges et journalistes auraient passé une alliance pour déstabiliser la classe politique. La presse devient le porte-parole d'une « internationale des juges », selon le mot utilisé par Franz-Olivier Giesbert, notion qui renvoie habilement à un réseau transnational des juges qu'au souvenir des juges « rouges » des années 1970. En veut-on des exemples ? Comment expliquer que, à chaque étape importante de ses investigations, les pièces du dossier du financement des partis politiques « sortent » dans les grands quotidiens ? Qu'un juge donne dans la presse les « recettes » utilisées par la hiérarchie pour étouffer les affaires ? Qu'ils se rassemblent clandestinement, signent des pétitions à la veille des élections, complotent sans cesse contre la République ?

Pis que cela, désormais, les juges exposent à des piloris médiatiques leurs mis en examen, ainsi offerts à la vindicte collective. Et si le pouvoir cherche à oublier les « affaires », la presse, informée par le juge, les sort. Avide d'« informations-événements », ces médias sont ennemis de la démocratie, dont ils subvertissent le temps et les rythmes. Le politique est paralysé, tant l'arrogance du contrôleur détruit la responsabilité de l'acteur. La télédémocratie en est une manière d'accomplissement : la communication télévisuelle compense l'apathie des gouvernés, le sauveur médiatique répond à l'usure des gouvernants, bref les médias deviennent la seule institution susceptible de répondre face à la défaillance généralisée des autres institutions. Compensant une police sans résultats, ils enquêtent, ouvrent des lignes téléphoniques, jugent en « direct ». Que police et justice marquent le pas dans une enquête, les voilà remis en selle par la vocation rédemptrice autoproclamée des médias comme *Témoin N° 1*, ce *reality show* qui voulait « sauver la justice ».

Un complot contre le peuple

Dans ce scénario, les juges deviennent donc des personnages dangereux pour la République. Ils suscitent contre eux l'unanimité de la classe politique, d'autant plus qu'ils incarnent l'ennemi intérieur. « Aujourd'hui des juges dociles aux pressions de la droite pour sanctionner un élu socialiste, demain des juges gauchisants infiltrés dans l'appareil d'Etat pour saper l'action de la majorité [12]. » Voilà, en même temps, lancé le grand air du complot politique et posé le diagnostic ultime de la crise de la justice : un complot où se profile la chimère bien française du « bonapartisme judiciaire ». La figure du juge est inquiétante, parce qu'elle n'est *pas identifiée* à une appartenance politique et que nous n'avons guère de précédent dans notre culture politique, qui puisse servir de référence à une situation largement inédite. Comment accepter l'arrogance de sa position ? Tout le discours du juge – principes fondamentaux, droits de l'homme, rappel de la constitutionnalité – inspire méfiance au politique, avant tout soucieux d'agir. Que ce juge apparaisse « activiste », et renaît la figure inacceptable de la désobéissance civile, particulièrement subversive quand elle naît d'une légitimité concurrente à celle du suffrage universel. L'épilogue de l'affaire Urba résume, à lui seul, cette attitude. Il suffit de citer la lettre d'Henri Emmanuelli à Laurent Fabius, alors qu'il vient d'être condamné à quatre ans d'inéligibilité par la cour d'appel de Rennes : « Ma pensée va à celles et à ceux qui m'ont toujours manifesté leur confiance et leur amitié par leur vote et leurs déclarations publiques et qui représentent à mes yeux l'*unique principe de légitimité que je reconnaisse*[13]. »

Telle est la scène où se joue aussi la montée en puissance de la justice. A chaque phase de transition et ce depuis sa naissance – comme l'a montré François Furet –, la démocratie a développé le thème du complot. Le thème du complot aristocratique fait partie de la rhétorique révolutionnaire courante, ce qui apporte une identité, justifie la violence, donne sens à l'idéologie égalitaire en marche. Avec ce thème fort, la Révolution trouve le seul adversaire à sa mesure : « Abstrait, omniprésent, matriciel comme elle, mais caché alors qu'elle est publique, pervers alors qu'elle est bonne, néfaste alors qu'elle apporte le bonheur social. Son négatif, son envers, son antiprincipe [14]. » La hantise d'un complot contre la souveraineté du peuple apparaît à chaque crise de la démocratie. En ces périodes, il ne lui suffit plus de lutter contre ses ennemis, elle les invente pour exister. La haine de la bourgeoisie offrait au communisme et au fascisme un repoussoir idéal. Après le communisme, la phobie du gouvernement des juges supplanterait-elle celle du bourgeois ?

C. Les représentants en jugement

De tels scénarios éclairent partiellement la question, tant ils sont noyés dans l'idéologie invisible qui les anime. Il faut, au-delà de la rhétorique de la dénonciation, évaluer la naissance d'un pouvoir du juge face à un exécutif jusque-là hégémonique. Ce qui se joue ici n'est pas une insurrection des juges contre la République, mais l'émergence d'une nouvelle représentation politique. Loin d'être un ferment de désagrégation, la démocratie exprime un contrôle infiniment plus aigu des pouvoirs consentis par les citoyens. Les institutions de la Ve République, édifiées sur le bloc majoritaire, se trouvent singulièrement ébranlées par la démocratie d'opinion. Un tel retournement n'est pas sans rappeler la fin du

XVIIIe siècle. A cette époque, où les institutions sont l'émanation de la volonté du roi, les procès secrets et arbitraires sont doublés par de véritables campagnes médiatiques avant la lettre. L'émergence d'un public critique à l'égard du pouvoir joue un rôle décisif dans la dénonciation de la légitimité monarchique. Voltaire dans l'affaire Calas – et nombre d'avocats avec lui – invente la démocratie d'opinion en créant un espace public médiatisé à partir duquel il pourra contester les turpitudes du pouvoir. Comment ? L'historienne américaine Sarah Mazah l'explique : « Dans un système monarchique traditionnel, la justice s'accomplit par et pour le roi représentant de Dieu sur terre ; or, les mémoires judiciaires – les factums – revendiquent de plus en plus clairement l'idée d'un public, d'un « tribunal de la nation » distincts du roi, que les auteurs avocats érigent en juge suprême de leurs causes[15]. »

La stratégie de l'appel à l'opinion publique par l'intermédiaire des « factums », petits pamphlets tirés d'une affaire, devient une pratique fréquente chez les avocats. La défense des individus n'est pas le but de ces campagnes. Nul ne connaît Calas ou sa famille. Ce qui compte, c'est de convertir une affaire singulière en une cause exemplaire, et donc politiquement mobilisable. Le but est de solliciter un jugement de principe sur une question philosophique – par exemple, la tolérance –, à partir d'une indignation qui cesse d'être subjective parce que partagée, généralisée et argumentée. Une querelle à propos d'une fête rurale devient une allégorie de la révolte des paysans. La défense de trois bandits se charge en symbole de la lutte contre l'arbitraire. La cause d'une servante injustement accusée de vol met en accusation tout le système judiciaire. Que visent ces avocats d'avant la démocratie ? À dénoncer l'arrogance des élites religieuses, sociales et politiques. Dire publiquement que seule l'ouverture des institutions judiciaires et politiques peut garantir l'égalité de traitement pour tous. Faire la démonstration que l'expérience des gens ordinaires peut servir de fondement à de nouvelles normes légales.

L'inversion de la « pyramide des regards »

Une mise en cause du même ordre des rapports entre Etat et société est en train de s'opérer aujourd'hui. Jadis, la justice incarnait l'organe privilégié de surveillance de la société, symbolisé par le ministère public. « L'œil du procureur doit transmettre les renseignements à l'œil du procureur général, qui les transmet à son tour au grand œil de la surveillance, qui était à l'époque le ministre de la Police. Ce dernier les transmet à l'œil de celui qui se trouve au point le plus haut de la société : l'Empereur, qui était précisément symbolisé par un œil [16]. » Telle est la *pyramide de regards* qui, dans sa version impériale, selon Michel Foucault, permet au procureur maître de la police de diriger la société au nom du souverain.

Mais, désormais, aucune adhésion ne soutient

plus ce panoptique. L'ancienne figure de la surveillance et de la discipline que constitue la justice se renverse. D'instrument du pouvoir, la justice devient le moyen de sa contestation. Son édifice se renverse à mesure que son usage est moins politiquement contrôlé. La fin des immunités qui touche nos élites est le résultat d'un contrôle permanent du public sur les acteurs politiques, placés cette fois sous le regard de l'opinion. On découvre que l'exécutif n'est pas le tout de la démocratie, à la fois principe d'action, source de vertu et moyen de contrôle. Au-delà de l'atteinte au crédit de la classe politique, les affaires contemporaines font le procès de cette indifférenciation en dénonçant des fautes d'autant plus inavouables qu'elles restèrent longtemps secrètes. La dénonciation de l'autoréférence de l'Etat, la volonté de transparence, au nom du public, élabore ses nouvelles frontières. Ainsi se crée, de fait, un *public de citoyens réunis* devenus juges des représentants. Au moment de l'affaire Dutroux, une émission de télévision montre cette scène étonnante où des responsables politiques belges écoutent, tête basse, les reproches des familles des victimes[17]. Singulier rappel de la promesse démocratique selon laquelle on ne doit gouverner qu'en attendant l'heure du jugement !

Les stratégies à l'œuvre dans les procès ne sont pourtant pas toutes orientées à des fins politiques. La dénonciation de l'erreur judiciaire dans les médias, dernière instance d'appel des causes que l'on croit perdues, reste fréquente. Mais le fait nouveau est que la stratégie de porte-parole est ouverte à tous : tous *font parler* l'opinion. Victimes, citoyens déçus, contribuables spoliés, fonctionnaires indignés, tous exigent d'être entendus et mettent en accusation un pouvoir injuste. Le fait est là : il n'y a plus *une* représentation *nationale*. La démocratie gouvernante cimentée par le fait majoritaire doit bel et bien s'ouvrir aux opinions minoritaires et les valider dès lors qu'elles expriment légitimement un bien commun [18]. L'intervention du citoyen comme acteur politique invente un au-delà de la représentation élective qui enrichit le politique d'une dimension démocratique nouvelle.

Un tournant pour la Vᵉ République ?

Cette nouvelle posture confine au tragique, quand se multiplient les mises en accusation visant directement l'Etat. Regardons les procès qui mettent en cause les élites administratives. La stratégie tend à utiliser les voies légales pour obtenir une *scène conflictuelle* qui inverse le rapport des légitimités. La scène oppose souvent le coupable involontaire – tel Œdipe accusé rétrospectivement d'un crime qu'il ignorait – aux victimes d'un acte irréparable. Tous les procès mettant en cause la responsabilité de l'Etat se jouent, comme une tragédie de Sophocle, sur la double question de la responsabilité involontaire et de la fragilité de la connaissance humaine. Mais le tragique se déplace. Nous n'avons plus la figure du héros tragique qui s'accuse publiquement et qui, par son sacrifice, réconcilie la collectivité. Le temps est loin où Grévy démissionnait à la suite du scandale de la Légion d'honneur où était impliqué son gendre, *le jour même* où Clemenceau demandait son départ à la Chambre[19]. Qu'il doive réparation aux autres ou que les autres lui doivent réparation, que le rapport soit de créance ou de dette, le résultat est le même : en démocratie d'opinion, le politique est décidément entré dans le monde du droit. Sous le régime de la démocratie d'opinion, la Vᵉ République offre l'image inversée de la IIIᵉ. Ce qu'elle gagne en stabilité, elle le perd en responsabilité. Elle accepte pour prix de cette stabilité un déplacement de sa responsabilité au profit du judiciaire.

On touche la pointe extrême de cette *inversion de légitimité* dans l'Etat dont procède le pouvoir judiciaire. La société était dirigée d'en haut au nom de l'intérêt général et dominée par une conception de la souveraineté cimentée par des mythes fondateurs comme le service public. En mobilisant le pouvoir pénal – contre les élites, les administrations et les puissances de l'argent –, les victimes créent une fracture dans ce modèle. Ainsi, la Cour de justice de la République, créée en 1993, est conçue comme un tribunal ouvert à tous les plaignants qui souhaitent faire juger les fautes des politiques. N'est-ce pas là, comme le dit Marie-Angèle Hermitte en conclusion de son étude sur l'affaire du sang contaminé, l'émergence la plus nette d'un « troisième pouvoir, celui de la société civile s'exprimant par une juridiction spécifique. On en arriverait à reconnaître deux moyens d'expression différents, correspondant à deux figures distinctes de la démocratie : un citoyen qui vote, la société civile qui plaide [20] ».

Mais gardons-nous de tout angélisme. Cette démocratie est autant l'amorce d'un renouveau que la promesse d'un trouble plus grand. Concentrant son énergie à museler toute liberté de la majorité parlementaire – l'article 49-3 en est l'exemple même –, la Ve République s'expose à la croissance d'un espace public non institué. L'exécutif, suivi pas à pas, doit gouverner quotidiennement en anticipant le jugement que l'on portera sur lui. Avec le poids croissant de l'opinion, le peuple peut, à tout moment, rappeler aux représentants la précarité de leur pouvoir. L'oublier, c'est perdre de vue que la reddition des comptes est, depuis l'origine, la base même du lien représentatif[21]. Mais, en même temps, la démocratie d'opinion, qui consacre de nouveaux pouvoirs, ruine les pouvoirs institués. Dans ce monde télévisuel où s'abolissent le temps et l'espace, toute action doit être suivie d'effet, toute représentation est disqualifiée. Alors que l'espace public est une médiation symbolique, l'image offre sans cesse une évidence immédiatement accessible, qui se donne pour la vérité. Prise dans un cercle qu'elle a en quelque sorte dessiné elle-même, la Ve République se dédouble en deux centres : le juge, par en haut, devient arbitre entre le politique et le corps électoral ; l'opinion, par en bas, imprime sur le pouvoir une pression constante, avec le risque à tout moment de rendre inintelligible cette nouvelle architecture de la démocratie[22].

La magistrature, un acteur collectif

Cette évolution tumultueuse ne doit pas cacher un fait décisif : la magistrature s'autorise à être un *porte-parole de l'opinion.* Jadis, les avocats avaient conquis de la même manière leur place dans la République. Au temps de la République des avocats (entre 1875 et 1920, un député sur trois exerce cette profession), ceux-ci ont mobilisé leurs ressources professionnelles pour bâtir la société libérale, entrer en politique et obtenir la modération de l'Etat. Les alliances avec l'opinion se multiplient aujourd'hui, mais, cette fois, à l'initiative de la magistrature comme « l'appel de Genève » et « l'appel des 103[23] ». Mais, à la différence des avocats de jadis, les juges, dans leur majorité, entendent rester à leur place pour y faire leur travail et donner un sens au pouvoir conquis. Ce n'est plus une affaire singulière, mais bien la place de la justice dans la démocratie qui devient la cause à défendre. Qu'elle vienne exclusivement des magistrats est le signe d'une volonté d'émancipation qui touche la profession tout entière. Du coup, sa dimension *représentative* prend tout son sens. En cherchant la connivence avec l'opinion, cette démarche déplace le front du conflit avec l'exécutif. Une profession, longtemps absente de toute dynamique démocratique, crée, autant par son comportement professionnel que par sa prise de parole, un *écart avec l'exécutif* lui permettant d'attester d'une nouvelle division politique.

La rupture est radicale. La magistrature devient, à son corps défendant, un acteur politique, alors que rien dans son histoire ne l'y prédisposait. C'est parce que la justice n'a jamais eu d'identité dans la République – autre que celle d'une administration parmi d'autres – qu'elle ne peut s'affirmer, pour le moment, que dans l'espace que lui offre la démocratie d'opinion. L'écart s'atténue entre la liberté de parole prise et la réalité de la fonction occupée, entre ce que les juges *veulent* et ce qu'il *sont,* entre le lieu où la démocratie les hisse et celui où la République les assigne depuis deux siècles. Pouvait-on imaginer que les redoutables pouvoirs de la magistrature pussent un jour se retourner contre l'Etat ? Comment était-ce envisageable dans un pays où l'idéologie politique a toujours relayé l'idée d'un pouvoir sans partage de l'État ? Les appels à l'opinion se situent dans une mutation de la démocratie qui doit réaliser le dessein de l'*égalité démocratique devant la loi.* C'est ainsi que les élites dirigeantes deviennent de simples représentants.

La recherche d'un *tiers* dans l'opinion fait du juge un acteur collectif appelant à la source même de la démocratie. Le choix de mettre sur la place publique le refus d'obéissance de la hiérarchie policière aux juges d'instruction ou les classements sans suite inspirés par des amitiés politiques n'a pas d'autre sens. Mais le destin des juges français est paradoxal. Eux qui n'ont cessé de le servir, voilà qu'ils deviennent, ironie de l'histoire, la pièce maîtresse de l'Etat impartial. A l'opposé de la magistrature belge, qui, n'ayant pu opérer cet écart, devient la grande accusée de l'affaire Dutroux, ils ont converti « en ressource une histoire malheureuse, transformant l'éloignement prolongé du pouvoir politique et du pouvoir de l'argent en un *désintéressement* qui semble garantir l'authenticité[24] ». Voilà sans doute pourquoi la magistrature a accumulé une réserve de neutralité qui l'autorise à occuper, presque naturellement, la place du tiers absent. Cette extériorité, jadis synonyme de marginalité, devient un atout. La capacité de certains juges d'agir au nom du bien public dans les affaires de corruption politique a permis de creuser, au-delà de leur personne et de leur action, une nouvelle catégorie du politique. Le tiers pouvoir du juge devient indispensable à la scène politique si elle veut *paraître digne* d'exercer le pouvoir au-delà de ses compétences et de ses engagements devant le peuple. Saura-t-on bien mesurer ce lien indissoluble entre le pouvoir naissant du juge et la légitimité future du politique ? Rien n'est moins certain, tant notre culture républicaine ne nous prépare guère à penser la légitimité du politique en référence au droit. Pour les juges, cette culture représente un obstacle quasi insurmontable. Aussi la pesanteur d'un Etat rétif à tout pouvoir distancié ne leur a-t-elle pas laissé d'autre choix que celui de forcer le destin.

Troisième partie

Le tiers pouvoir de la justice

Sortant d'un long sommeil, notre justice vit donc l'accélération la plus forte de son histoire. Au point de convergence d'un ébranlement de l'Etat et d'une nouvelle impulsion démocratique, elle cesse d'être un acteur secondaire de la cité et s'impose comme un authentique pouvoir. Mais, si le fait semble indiscutable, comment le qualifier ? Simple « autorité » judiciaire ou contre-pouvoir ? Service public ou pouvoir juridictionnel ? L'hésitation des mots le dit bien. Nous ne savons plus identifier la justice tant la transition entre une République jacobine et la démocratie d'opinion nous déroute. Or, qu'est-ce que cette nouvelle justice, si ce n'est un tiers pouvoir qui, par son extériorité, réfère la démocratie tout entière à des principes fondamentaux et impose désormais un cadre juridique à la puissance étatique ? Ainsi nommé, ce pouvoir doit être *fondé* afin de répondre à la question de sa légitimité, *défini* par opposition à l'Administration et *justifié* afin de rendre compte de son action devant le public. A l'heure de la démocratie d'opinion, cette refondation du pouvoir républicain sera-t-elle suffisante ? A peine sortie de la tutelle de l'exécutif, la justice ne glissera-t-elle pas dans l'orbite de ce « peuple-émotion » qui envahit aujourd'hui nos sociétés démocratiques ? Prise dans cette représentation sauvage de la démocratie, elle alimenterait une pénalisation de la vie collective et une inflation sourde des droits subjectifs. Résister à ce risque d'émiettement suppose de restaurer un espace public commun si l'on veut éviter qu'un flux d'images et de sentiments n'entraîne la démocratie dans une dérive imprécatoire. Alors peut-être l'individu démocratique, citoyen sans cité et orphelin d'un Etat moins secourable, ne sera-t-il plus tributaire d'une justice impuissante à vaincre la fragmentation du monde.

VI

Qu'est-ce que le tiers pouvoir ?

La vieille thèse jacobine selon laquelle le juge n'a aucun pouvoir paraît désormais bien loin. Silencieusement ou au grand jour, on l'a vu, les signes de cette mutation se multiplient. Le droit européen et les principes constitutionnels sont quotidiennement appliqués par les tribunaux, alors que le pouvoir du juge s'impose. On assiste à l'émergence d'une démocratie où, parce que les légitimités seront « plurielles[1] » et les pouvoirs redistribués, la justice sera, du moins l'espère-t-on, mieux identifiée. Mais quelle est la nature de son pouvoir ? Cette question est nouvelle pour une culture politique où la question de la légitimité du juge ne peut se poser, dès lors qu'il n'a aucun pouvoir propre. Tant que l'on n'aura pas défini ce nouveau pouvoir, il réveillera les passions du vieil antijuridisme français. Dès lors qu'il entame l'édifice de l'Etat républicain, on vivra dans la hantise du gouvernement des juges, repoussoir idéal d'une souveraineté populaire jalouse de sa légitimité. Comment la France, dont l'apparente séparation des pouvoirs a toujours masqué une protection de l'exécutif, pourrait-elle, lourde d'une telle histoire, réinventer la vieille idée anglaise d'une séparation des pouvoirs ? Comment ce vieux pays étatique, qui a toujours confié à une représentation absolue le pouvoir d'édicter des normes de son action, peut-il s'adapter à une telle redistribution de la puissance étatique ?

De prime abord, on définit l'avancée des juges comme la manifestation d'un troisième pouvoir qui, dans la trilogie classique, est chargé d'appliquer la loi[2]. Or, en exprimant *à la fois* la volonté du peuple et les droits de l'homme, la justice ne peut être pensée seulement comme un pouvoir d'application de la loi. Elle est devenue un véritable tiers pouvoir, au sens où elle inscrit la référence des normes communes dans toutes les sphères de la vie collective. Ce tiers pouvoir est démocratique dans la mesure où il exprime avant tout la présence instituée du peuple dans l'organisation même de l'Etat. Il ouvre un écart symbolique entre le représentant et le représenté, qui rompt avec l'identification à la volonté générale et introduit l'arbitrage du droit. Cette croissance concomittante du droit et de la justice ébranle les racines de notre culture politique. La double tradition positiviste (soumission à la loi) et inquisitoire (le pouvoir au service du prince) ne nous y prépare guère. Etrange pouvoir que celui du juge ! Longtemps refusé par notre histoire, il n'est guère plus aisé de le saisir en un temps où la démocratie d'opinion lui prête une ambition démesurée. Admirablement nommé par Hamilton, dans *Le Fédéraliste*[3], ce pouvoir est, tout au contraire, *the least dangerous branch.* Il semble n'être rien, alors qu'il pèse sur tout à l'image du tiers état de la fameuse brochure de Sieyès. Où se situe cette instance qui, mal connue, paraît arbitraire et irresponsable, alors qu'elle est, à l'inverse, symbolique et impartiale ? Au nom de quelle légitimité démocratique s'autorise-t-elle à devenir un pouvoir de surplomb ? Ce n'est qu'une fois ce pouvoir mieux identifié que pourront apparaître les composantes de sa légitimité naissante.

A. Un médiateur symbolique

Rappelons-nous la mise en garde de Montesquieu. Donner un statut permanent à la « puissance de juger » pourrait devenir redoutable pour la liberté. Pour lui, ce troisième pouvoir doit être en quelque sorte « nul ». Il faut, disait-il, brider ce risque en confiant ce pouvoir, non à une magistrature mais à des jurys, ou à des citoyens comme à Rome, ou encore à des sessions provisoires. Hamilton, au moment de rédiger le projet de Constitution fédérale des Etats-Unis, ira dans le même sens : « Le judiciaire, par la nature de ses fonctions, sera toujours *le moins redoutable pour les droits politiques,* parce qu'il sera le moins en état de les contrarier ou de les violer […]. Le judiciaire n'a d'influence ni sur l'épée ni sur la bourse ; il ne dirige ni la force ni la richesse de la société ; et il ne peut prendre aucune résolution active. On peut dire qu'il n'a *ni force ni volonté*, mais un simple jugement, et c'est, en définitive, du secours du bras exécutif que dépend l'efficacité de ses jugements. » Que le pouvoir du juge soit ici défini par la négative n'est qu'un paradoxe apparent. Au centre de la fonction de juger se tient la position passive du juge inhérente à son type d'intervention. Pouvoir immobile, le principe de son mouvement n'est pas en lui, mais dans la société démocratique elle-même. C'est le sens du « simple jugement » qui caractérise, selon Hamilton, le pouvoir judiciaire. Il incarne la possibilité pour les membres d'une société de participer à la mise en œuvre de l'idéal voulu et réfléchi du vivre-ensemble. L'épaisseur d'une médiation symbolique y côtoie la minceur de la puissance exercée.

Les « vertus passives » du juge

Le pouvoir du juge obéit toujours à la même géométrie. Il n'a pas un pouvoir d'action et reste dépendant d'une demande qui limite son domaine d'intervention. Ne pouvant se saisir lui-même, il reste une institution gouvernée par des « vertus passives[4] ». Ses pouvoirs sont fragmentés, ses décisions sont prises après débat contradictoire et peuvent être frappées d'appel. A l'opposé, aucun Etat ne pourrait fonctionner s'il était tenu d'attendre qu'on le saisisse ou d'entendre les personnes concernées avant de prendre une décision. Cette passivité ne signifie pas que le juge n'ait aucune préférence politique, idéologique et morale. Elle veut simplement dire qu'il n'est lié à aucune partie et doit se tenir à bonne distance des causes qu'il juge. Aux limites procédurales de ses fonctions s'ajoute la prudence éthique du *judicial self restraint* inauguré (dès 1803) par l'affaire Marbury Vs. Madison : le juge Marshall donne satisfaction sur le moment au président des Etats-Unis à propos d'une nomination, mais décide, pour l'avenir, de s'octroyer le contrôle de la constitutionnalité des lois. Ruse du juge ? En tout cas, prudence tactique, comme s'il fallait témoigner d'un *self restraint* pour sanctionner le pouvoir. Peu de règles traduisent autant le sens même de l'acte de juger. Souvenons-nous de la position du parquet de Paris au moment où Alain Juppé était accusé de bénéficier d'un loyer de complaisance[5]. Le choix de classer ce dossier n'est pas, comme on l'a tant dit, un privilège exorbitant, image d'une justice à deux vitesses. Tout au contraire. Le parquet a exercé son pouvoir *de manière négative* par l'abstention motivée de poursuivre. Il reconnaît que le délit est fondé, mais estime que les conséquences d'une poursuite seraient disproportionnées. Pouvait-il, pour une affaire privée, prendre le risque de renverser un gouvernement ? Fallait-il donner caution à la « jurisprudence » quelque peu sommaire selon laquelle un ministre mis en examen doit démissionner ? La bonne réponse consiste à qualifier une faute pénale que nul n'ignore et à suspendre une poursuite dont la portée serait manifestement excessive pour une telle affaire. Bel exemple de l'usage du *self restraint* !

La justice exprime un *pouvoir neutre* qui s'abstient d'agir dès lors qu'elle peut apparaître comme un acteur politique. On ne comprend plus qu'un garde des Sceaux intervienne dans une procédure en cours. Mais on l'approuve quand il s'abstient d'intervenir. Pourquoi ? Parce que sa fonction n'est pas de poser un acte politique, mais de garantir le principe d'une application impartiale de la loi. Le juge n'a pas de pouvoir d'action, dès lors qu'il est une puissance passive, mais dispose d'un pouvoir d'arrêt et de censure. La question se pose dans les mêmes termes, qu'il s'agisse du Conseil constitutionnel statuant sur tout projet de loi ou du juge pénal face à des affaires de financement des partis politiques. Ce qui se joue ici, c'est la capacité du juge à donner un cadre au jeu politique, tout en démontrant qu'il n'est pas un acteur de ce jeu mais seulement le garant de ses règles. Georges Vedel le rappelle fort opportunément : « Le droit peut fort bien et fortement structurer la vie politique, il ne la détermine pas. *Il crée des contraintes mais n'en fixe pas les effets*[6]. » Voilà pourquoi l'on ne verra pas un juge sauver une démocratie à l'agonie, pas plus qu'il ne sera jamais le ferment de sa contestation radicale. D'organe mineur d'exécution, il devient le lieu de censure du politique, lui qui, précisément « parce qu'il ne peut rien faire, peut tout empêcher[7] ».

Une instance de surplomb

Devant agir *dans la limite* des demandes, le juge n'en est pas moins placé *au-dessus* de celles-ci. Dans l'histoire récente, le juge conquiert cette position de surplomb, non en exerçant un pouvoir, mais en construisant les fondements d'une autorité acceptée. Il suffit de songer aux principes généraux du droit applicable par le Conseil d'Etat, même sans texte, à l'Administration. Le Conseil constitutionnel n'a fait ensuite que reprendre ce même raisonnement, afin de parvenir à un contrôle de la loi au regard du bloc de constitutionnalité. Le mouvement est poursuivi depuis la ratification par la France du recours individuel devant la Cour européenne des droits de l'homme en 1981. Aujourd'hui, à la demande des citoyens, les juges peuvent écarter des lois au profit d'un traité, les faire invalider ou les annuler au nom d'une norme européenne. L'Etat devient un pouvoir parmi d'autres, un plaignant susceptible d'être condamné. Le juge est par définition ouvert aux interrogations de la société sur elle-même, lui dont l'intervention « par sa nature même se trouve au plus haut degré en liaison avec la conscience sociale, car elle se développe sur une masse d'espèces concrètes prises dans la vie et ne peut être exercée que sur l'initiative des intéressés et dans la limite des demandes de ces derniers[8] ». Ainsi conçue, la justice est un lieu où la société peut se lier elle-même, au travers de son droit, à son patrimoine de principes constitutionnels et à un héritage européen commun.

Avec le Conseil constitutionnel, ce travail de tissage n'a cessé de s'étendre. Il n'oppose pas une règle générale à une autre règle générale, contrairement à la thèse qui voudrait en faire une troisième chambre. Il ne réalise ni une transaction entre deux assemblées, ni une synthèse entre des programmes politiques. Il impose, dans le cas qui lui est soumis, une hiérarchie des normes au débat politique. Ce qui se joue, ce n'est pas le choc de deux volontés, mais le déplacement de leur antagonisme dans une argumentation dominée par les normes démocratiques de référence. L'annulation totale d'un texte est rare. Le contrôle de constitutionnalité pose souvent des directives d'interprétation de ces textes, pour ne pas avoir à les invalider brutalement. Ainsi le juge impose des contraintes du droit à la rationalité politique. Il opère la transposition du litige dans un espace tiers – celui du droit –, afin de sortir des situations d'opposition irréductible ou de domination absolue. Médiateur symbolique, il applique la commune mesure du droit à des intérêts seulement mesurables à ceux des parties. Le droit est introduit comme un horizon de valeurs démocratiques où, au-delà d'un litige gagné ou perdu, tous auront le sentiment d'avoir partie liée.

La démarche est la même quand la justice pénale étend son champ d'action au politique. Les médias montrent le plus souvent l'activisme judiciaire à l'occasion des « affaires ». Mais il ne faut pas confondre les moyens, souvent spectaculaires, d'une justice pénale mise en scène par les médias, et la finalité plus profonde qui l'habite. Le principe de justification de cet activisme est le *principe d'égalité devant la loi*[9]. Un tel principe contient en lui sa propre justification puisée à la source de la démocratie. La sanction des fautes pénales témoigne d'une évolution plus vaste, au terme de laquelle le monde politique est, à son tour, justiciable de la loi. Si faute il y a, elle doit être jugée et les sanctions prises. Le pouvoir du juge ne l'autorise qu'à marquer des *limites* à l'action politique, limites qu'il s'applique à lui-même. Que fait le juge qui perquisitionne, convoque, place en détention ? Fait-il la guerre aux puissants ? Nullement. Il *applique* la loi, dans le cadre d'une *procédure*, sous le *contrôle* de la défense et d'une cour d'appel. En formulant lui-même la norme pénale qui sanctionne les comportements délictueux, il rappelle les valeurs morales qui fondent le mandat politique. Comment lui faire le reproche d'être antidémocratique ? Ce pouvoir de surplomb, en évoquant le principe d'égalité, fait retour au peuple comme instance fondatrice.

L'indisponibilité du droit

Voilà qui témoigne de l'extériorité radicale du droit par rapport au pouvoir. Alors que, jusqu'à présent, dominaient les régulations administratives et la culture de l'arrangement, les conflits majeurs de l'Etat s'expriment désormais dans l'espace public. Alors que le droit se limitait à réparer et à punir dans la seule sphère de la société civile, le voilà qui entre dans la sphère politique. En devenant justiciables, les élites sont placées devant un juge doté d'un pouvoir sur leur personne et qui, de surcroît, n'est ni leur ami ni un collègue de promotion. Révolution ? Sans doute. Mais il ne faut pas oublier que, sous la Constituante, cette ambition était nettement affirmée dans un Code pénal dont le tiers des infractions était de nature politique. L'évolution ultérieure a enseveli cette fonction judiciaire de sanction du politique au profit du contrôle plus euphémisé du juge administratif. N'avait-on pas un peu trop oublié que le droit a aussi vocation à s'appliquer *contre* l'Etat ?

Les droits de l'homme deviennent le levier principal de cette « désintrication du droit et du pouvoir », où Claude Lefort situe la frontière qui sépare la démocratie, où les pouvoirs sont divisés, et les régimes totalitaires, où domine le « peuple-Un ». La séparation des pouvoirs est la forme juridique de cette division politique : « Le droit et le pouvoir ne se condensent plus au même pôle. Pour qu'il soit légitime, le pouvoir doit désormais être conforme au droit et, de celui-ci, il ne détient pas le principe [10]. » Voilà ce qu'introduit le juge en consacrant l'effectivité des droits de l'homme : la référence de la démocratie est localisée en un point que nul ne peut s'approprier. On devine la déchirure de la souveraineté nationale fortement incorporée à l'édifice de l'Etat par la représentation unitaire de la République. La limite extérieure à cette unité trace les contours d'un *foyer immaîtrisable de normes* où le tiers pouvoir de la justice puise sa force. Cela ne veut pas dire que pouvoir politique et droit s'affrontent, mais que le politique doit accepter de se lire dans le discours du droit. Le juge lui impose de donner ses raisons et d'accepter que les décisions soient contrôlées et ses fautes sanctionnées. Il n'a nullement la capacité de s'opposer à l'action politique. La passivité de son pouvoir ne le lui permettrait pas. C'est au contraire, par son intermédiaire, la société démocratique qui prend la parole. Le lieu du pouvoir émigre, en quelque sorte, en chaque citoyen, en tant qu'il est sujet de droit et acteur politique. Ce sont bien ces droits pluriels qui sont invoqués par des concurrents malheureux, des contribuables spoliés, des citoyens indignés ou des « résistants éthiques ». Telle est sans doute la fracture la plus profonde imposée à notre culture politique : elle intègre le pluralisme *des* droits issu des composantes de la société démocratique à l'opposé *d'un* droit codifié par la souveraineté. L'irruption de la justice n'est un danger que pour ceux qui oublient ce qui la lie à cette fondation démocratique. Le tiers pouvoir *atteste* que le pouvoir politique se conforme aux principes de la démocratie, c'est-à-dire à des règles constantes dont la source lui est extérieure et dont l'application lui échappe. Il vise à prévenir tout abus de la part du pouvoir, afin qu'une « folle *prétention* ne s'empare de son *intention* raisonnable[11] ». Il préserve dans le droit un *moment d'indisponibilité* qui empêche le pouvoir de s'identifier au tout de la société. Ainsi les choix politiques sont évalués, à la demande des citoyens, au regard des exigences démocratiques rappelées par le juge.

Le tiers pouvoir est extérieur aux autres pouvoirs, mais représente *à l'intérieur* de l'appareil d'Etat la possibilité des individus de s'opposer à cet appareil. Une telle instance s'appuie sur une règle, qui cesse d'être majoritaire dès lors qu'elle est puisée à la source première de la démocratie. Mettre la loi au-dessus des hommes, alors même qu'ils la font, était déjà pour Rousseau la quadrature du cercle qui occupe les deux derniers livres du *Contrat social.* C'est pourquoi il faisait appel au tribunat « conservateur des lois et du pouvoir législatif », qui rappelle au pouvoir qu'il n'est pas souverain et n'est qu'un représentant élu. Seule une telle instance peut opposer une *extériorité interne* aux pouvoirs et qui, pour cette raison même, peut en être la clé de voûte. Extérieur aux autres pouvoirs, il peut en appeler à la norme instituante au-delà des pouvoirs constitués. Tout est paradoxal dans ce pouvoir supérieur aux autres parce que précisément il n'en est pas un, mais plutôt la *clé de voûte de tous.* Pierre Legendre choisit l'image de la « cheville » pour évoquer ce pouvoir de l'interprète qui tient ensemble l'édifice normatif tout entier, parce qu'il est situé au point d'articulation de la charpente [12].

B. Une double légitimité démocratique

S'il est maintenant mieux cerné, le pouvoir du juge est-il pour autant légitime ? Pourquoi obéirait-on à un pouvoir qui n'est pas élu et, de surcroît, s'arroge le droit de parler au nom du peuple et d'imposer des normes ? Une œuvre maîtresse, longtemps oubliée, voulait répondre à cette interrogation en tentant d'élucider l'énigme du droit. C'est l'essai écrit en 1943, par Alexandre Kojève, introducteur de Hegel en France, *Esquisse d'une phénoménologie du droit*[13]. Que ce livre ait été entrepris en pleine guerre, à une époque où l'autonomie du droit était bien oubliée, n'a rien d'un hasard. Une réflexion sur la vocation pacifique du droit ne peut être qu'une exigence intérieure dans le monde de la violence guerrière, qui figure, en quelque sorte, sa plus puissante négation.

Kojève cherche à répondre à deux questions : comment sortir de l'état de guerre et sur quoi fonder la paix ? En temps de guerre, les citoyens, pris dans des rapports amis-ennemis, cessent d'être des sujets de droit. La violence des conflits interdit l'accès à un espace tiers. La paix, au contraire, suppose un univers politique qui échappe à cette bipolarité conflictuelle. L'intervention d'un tiers borne la dilatation pathologique du pouvoir et le lie à un échange accepté de droits et de devoirs. La légitimité du droit est, pour Kojève, indissociable de sa réalisation par la justice : en cas de conflit entre les hommes, elle ouvre la possibilité de demander un jugement à un tiers « impartial et désintéressé », mû par la seule idée du bien commun. Cette vision préfigure l'idée d'un tribunal indépendant et impartial, qui sera au centre des institutions européennes de l'après-guerre.

A l'inverse, notre culture politique n'accorde aucune légitimité à ce pouvoir tiers. A bien des égards, elle lui tourne le dos. Ce qui est valorisé, c'est la volonté qui anime la décision et non l'impartialité qui l'affaiblit, sa rationalité et non la neutralité qui la désarme, la vérité qu'elle manifeste et non le doute qui la précède. Le bon juge est celui qui sait jusqu'où ne pas aller, parce qu'il comprend les ressorts intimes d'une Administration où il a déjà exercé. Qu'un haut fonctionnaire, avant d'exercer dans une grande entreprise, soit affecté à son contrôle, loin d'être choquant, est un profil de carrière recherché. Sa connaissance n'en sera que meilleure et l'intérêt général mieux cerné. La légitimité du juge est celle d'un fonctionnaire éclairé. C'est, encore une fois, la figure du droit en puissance et non du droit comme tiers qui domine en France. Rompant avec cette tradition, le tiers pouvoir devient une nouvelle catégorie de nos institutions. Son principe de justification peut être défini dans un double écart par rapport à cette culture politique : sa position impartiale est la condition qui lui permet de lier le politique à des normes de référence.

Un tiers impartial

Regardons la vie politique française. Les liaisons dangereuses du pouvoir et de la justice sont le nœud tragique de bien des débats des dernières années. La question a porté sur le *pouvoir de juger de l'opportunité des poursuites* exercé par le ministre de la Justice. Autrement dit, la même personne peut-elle être élue d'un parti et juge de la poursuite, membre d'une famille politique et maître de l'application de la loi ? Une justice sur qui pèse un tel soupçon est-elle respectable ? Bien évidemment non. Mais la déchirure de l'exécutif n'en est pas moins profonde, compte tenu de la longue tradition de confusion des pouvoirs dont nous héritons. Un début de solution fut proposé, depuis qu'une loi récente imposa de verser au dossier les instructions écrites du ministre. A la suite de cette loi, certains gardes des Sceaux sont allés plus loin en disant publiquement qu'ils ne donneraient pas d'instructions de poursuite, ni négatives ni positives. Tout se passe comme si tout ministre de la Justice vivait un conflit de loyauté du fait de sa double appartenance à une formation politique et à l'institution judiciaire. Certes, ordonnant ou étouffant les poursuites, il exerce légalement le pouvoir de ne pas appliquer la loi. Mais, en démocratie d'opinion, un classement, si furtif soit-il, n'échappe plus à personne. Inutile d'espérer qu'une « intervention » se fasse confidentiellement. Symbole d'une société qui n'arrive pas à traiter ses conflits autrement que par la délation, les moindres conflits sont prompts à s'exprimer dans les colonnes du *Canard enchaîné*. Ainsi exposés, beaucoup ont payé, à tout le moins devant leurs électeurs, le prix de leur fidélité politique. Etre garde des Sceaux, c'est-à-dire *ministre et juge*, est devenu un poste à haut risque, puisqu'il est situé à l'épicentre d'une division naissante, au cœur de l'Etat, entre le judiciaire et l'exécutif. La métamorphose de ces hommes politiques *devenus* juges pendant le temps de leur mandat pèse lourd dans les choix politiques actuels[14]. La non-intervention du gouvernement dans les affaires judiciaires semble bien inéluctable. Elle crée, comme la réforme du Conseil d'Etat à son échelle il y a un siècle, les conditions nécessaires à la naissance d'une véritable justice[15]. Mais comment y parvenir ?

Les signes de sortie de l'ancien système commencent à être perceptibles. On n'a pas suffisamment prêté attention à la question profondément novatrice posée par Jacques Chirac à la commission Truche : « Nos concitoyens soupçonnent la justice d'être parfois soumise à l'influence du gouvernement et de ne pas suffisamment garantir le respect des libertés individuelles, notamment la présomption d'innocence[16]. » Le chef de l'Etat veut que l'on regarde la justice, non comme un rouage défectueux qu'il faut réformer, mais sous l'angle d'une *attente d'impartialité*, non comme un service public mais comme un bien commun. Ce qui était hier soupçon inqualifiable porté sur les représentants du peuple présumé ne vouloir que le bien se meut en un droit des citoyens à disposer de représentants insoupçonnables. L'analyse est totalement nouvelle venant d'un président de la République. La volonté de réformer la justice *du point de vue des citoyens* est devenue si puissante qu'elle conduit à vouloir « éradiquer » le soupçon de partialité qui la hante. Ce n'est plus dans l'Etat administratif que la réforme de la justice se réfléchit, mais dans l'institution d'un pouvoir impartial attendu par les citoyens. La problématique de la réforme actuelle est tout entière dans ce renversement, où l'Etat ne se définit plus par l'autoréférence de ses normes, mais accepte que le regard critique de l'opinion soit institué dans un tiers pouvoir.

La *nomination* est la condition première de l'impartialité. En démocratie, il n'y a pas incompatibilité, bien au contraire, entre une nomination politique et l'indépendance du juge. Ancré dans un pouvoir investi démocratiquement, il n'en reste pas moins libre de son propre jugement : comment comprendre autrement l'évolution spectaculaire de notre Conseil constitutionnel à l'image, jadis, des juges de la Cour suprême américaine[17] ? Le corollaire implicite est l'ingratitude toujours possible à l'égard des autorités de nomination. Nommé, le juge a mandat de trahir, si nécessaire, les amitiés politiques au moment de sa décision. Cela suppose qu'il investisse par une démarche intérieure une distance neutralisante – celle du tiers – après la nomination. Voilà pourquoi l'exigence de l'impartialité est respectée par une nomination politique, mais est incompatible avec la tutelle des carrières des juges. La soumission à une convenance politique maintiendrait la justice dans un univers de commandement, alors qu'elle ouvre l'espace d'un jugement. Sans crainte de pressions extérieures et, pour cela même, prêtant une attention égale à tous les arguments, l'impartialité est la condition du jugement juste.

L'impartialité dans la fonction impose ensuite une juste distance à l'égard des parties d'un litige. A l'inverse du législateur, qui crée des catégories et des normes, le juge est plongé dans des problèmes concrets, sans cesse déplacés par la violence des affects et l'émotion sous-jacente aux conflits. Son activité est à la fois *engagée* et *dégagée*, engagée, car il se prononce directement à partir de litiges, et dégagée, car il doit garder une distance et respecter le cadre de la demande[18]. La tension du jugement consiste précisément à introduire des normes, qui articulent la demande individuelle à l'objectivité du droit. La recherche de la décision est liée à la valeur des arguments présentés, non à une empathie quelconque. Un juge ne peut être l'ami de quiconque. On se souvient des pages ardentes où Ricœur oppose « l'autre » de l'amitié au « chacun » de la justice. Le monde de la justice s'oppose à celui de l'amitié faite de liens de réciprocité et d'affects communs[19].

Voilà pourquoi l'enjeu est bien de donner à la justice les apparences de l'impartialité. La légitimité du juge est tout entière dans la visibilité démocratique de son mode de décision, attestant qu'il n'est soumis ni à la raison d'Etat ni à l'attraction émotionnelle des conflits. Etre aux yeux de tous hors de la cause qu'il doit poursuivre et trancher : sa légitimité à intervenir n'est pas ailleurs. Il y trouvera, paradoxalement, son ancrage le plus solide et, sans doute, l'inspiration de ses réformes les plus audacieuses. N'est-il pas nécessaire que les audiences du Conseil constitutionnel soient publiques ? Que l'on généralise la publicité pour les audiences disciplinaires du CSM et que l'on publie ses décisions ? Les tribunaux n'auraient-ils pas tout intérêt à organiser leur communication ? C'est par la transparence de son débat, par la lisibilité de ses procédures et de son argumentation que la justice pourra d'autant plus affirmer sa place dans l'espace public qu'elle sera mieux identifiée.

La représentation des valeurs communes

La seconde source de légitimité de la justice vient de son aptitude à *rendre présents* les principes fondamentaux de la démocratie. Cette légitimité par représentation ne s'inscrit plus seulement dans le cercle de la loi, mais s'étend aussi aux droits individuels où s'enracine la validité des normes. Pourquoi cette double appartenance ? La référence au droit a valeur de référent symbolique qui échappe à la pure raison instrumentale de l'Etat. Elle fait *tiers* par rapport au pouvoir parce que son point d'émergence et sa visée ne coïncident plus avec lui. Prenons le cas de ce citoyen américain du nom de Soering, arrêté en Angleterre, où il est accusé d'assassinat commis dans son pays d'origine. Son extradition est demandée aux autorités britanniques par son pays d'origine. Rien n'est plus légal, s'agissant de faits criminels. Mais, saisie d'un recours, la Cour européenne des droits de l'homme juge contraire à la Convention l'extradition d'une personne qui encourt la peine de mort dans le pays qui le réclame [20]. Au nom de quoi peut-elle s'opposer ainsi à la raison d'Etat ? Elle justifie son refus de faire encourir à un individu l'application de la peine de mort par l'interdiction des « peines ou traitement inhumains ou dégradants [21] ». Le juge s'allie ici avec les valeurs profondes d'une Europe où, à la différence des Etats-Unis, vit encore la mémoire de la lutte contre le nazisme. On y retrouve non un droit abstrait, mais la transcription d'un « processus douloureux de l'histoire, des résolutions qui ont mûri à partir de ces expériences et ont été proclamées comme volonté de reconstitution d'un tissu insupportablement déchiré », bref une mémoire commune où s'enracine la signification du droit [22].

On voit ici que légitimités politique et judiciaire opèrent à des niveaux différents. Le juge impose la loi au terme d'une discussion, alors que le politique vise à agir sans délai ni débat ; l'un veut le juste et l'autre l'utile, car, comme le dit Kojève, si « l'Etat ne soutient que le droit politiquement utile, le droit ne soutient que l'Etat juridiquement juste [23] ». Pour le politique, toute légitimité vient de l'élection – la souveraineté du peuple –, alors que celle du juge est liée à un *au-delà de la loi* qui fuit sans cesse en arrière, comme le suggère Hannah Arendt en évoquant l'énigme de l'autorité. La légitimité « longue » du droit enveloppe et enrichit la légitimité « courte » du politique. Ces deux temps de la légitimité, différents par leurs finalités, sont enchevêtrés : la production de la loi par les représentants se fait dans le cadre de la fidélité à des engagements initiaux, auxquels nous sommes liés comme à une promesse. Alors que le politique a vocation à l'action, le juge en souligne les contraintes et en rappelle les références.

Tout se passe comme si la République avait besoin d'une parole d'autorité pour maintenir la cohérence d'une société en mouvement. La démocratie serait liée par des engagements non seulement entre des personnes mais *entre des générations*. La légitimité du juge, référée à une parole durable, peut ainsi relier les générations à un temps fondateur. Ne parle-t-on pas aujourd'hui d'une « troisième génération » des droits de l'homme, nés du règne de la raison technique après l'ère individualiste de l'époque libérale et celle des droits sociaux de l'Etat providence ? Cette scansion longue de la démocratie prend à revers la tradition positiviste, qui proclame une vérité atemporelle de la loi dans une répétition de sa lettre. A l'opposé de cette logique formelle, des principes constitutionnels sans cesse interprétés donnent une signification plus large et plus évolutive de la volonté du peuple. La justice est ainsi la seule « institution consacrée par le temps[24] » dont la prudence retient le politique pris dans l'expansion des pouvoirs et la précipitation de l'action. Voilà pourquoi Hannah Arendt aimait à citer l'adage romain : *potestas in populo, autoritas in senatu* (« le pouvoir est dans le peuple, l'autorité dans le sénat »). En cherchant à se légitimer à une autorité plus ancienne que lui, le politique ne peut que rencontrer le juge, dont le pouvoir ultime consiste à répéter le moment fondateur de la démocratie. N'était-ce pas ce que voulait explicitement le préambule de la Déclaration de 1789, disant en substance que les droits de l'homme ne resteront qu'une collection de pieuses intentions si la République oublie de rendre présent et de donner sens à cet héritage[25].

On mesure mieux le bouleversement de notre système de représentation fondé sur la fiction unitaire de la République. Nous avons toujours connu une trajectoire linéaire où le peuple délègue *de l'extérieur* la souveraineté à un unique pouvoir qui l'exerce et la lui rend à expiration du mandat. Mais jamais la présence symbolique du peuple *à l'intérieur* des institutions politiques n'a été une réalité durable. En avançant sur la scène politique, les juges formulent ce tiers pouvoir que la société démocratique se donne à elle-même pour éviter de coïncider dangereusement avec sa propre volonté. Dans l'écart ainsi ouvert, il fait signe vers des valeurs communes qui scellent la légitimité des normes. Nul plus que Rousseau dans *Le Contrat social* n'a approché d'aussi près cette énigme. Qui est le tiers pouvoir ? Est-ce le législateur ? Non, car il fait la loi et la donne. Le gouvernement ? Pas davantage, car il l'applique et l'exécute. Ce tiers pouvoir, Rousseau l'appelle le « Tribunat », véritable gardien du corps politique[26]. Organe à la fois faible et tout-puissant, force épisodique et point d'appui de tous les autres, il incarne dans l'échiquier la case vide qui empêche les autres d'occuper toute la place. Il demeure le gardien de la règle démocratique, lui qui est chargé d'évaluer, par son argumentation, la compatibilité de l'action politique avec les valeurs démocratiques essentielles. Le juge enrichit ainsi le politique d'une mémoire et lui restitue une référence normative, que l'attraction dévorante du présent lui fait perdre de vue. Ainsi située à sa vraie place, entre la société démocratique et le pouvoir qui la représente, la justice doit assumer un rôle qui, parce qu'il est devenu plus légitime, sera contraint de répondre davantage de ses actes.

VII

Un pouvoir responsable

Un diptyque d'un primitif flamand de la fin du XVe siècle représente le châtiment d'un juge corrompu condamné à être écorché vif. Cette scène terrifiante se prolonge avec la punition infligée à son fils, qui doit rendre la justice sur un siège recouvert de la peau de son père. Ce jugement, qui nous semble barbare, n'était pourtant pas rare [1]. En un temps où juger se fait par délégation divine, on ne peut user d'une fonction sacrée sans s'exposer à un châtiment terrible. Quand les juges ne sont responsables que devant Dieu, le châtiment du mauvais juge purifie l'institution tout entière. Le monde judiciaire peut ainsi témoigner de son aptitude à surmonter ses crises. En montrant la damnation des juges, il s'applique à lui-même la règle évangélique : « Comme vous jugez, vous serez jugés ! » L'indépendance du juge à l'égard des pouvoirs temporels a pour revers une redoutable responsabilité. Sa portée est immense dans le monde chrétien. Longtemps, les salles d'audience furent ornées d'un grand Christ en croix, tel celui peint par Bonnat pour la cour d'assises de Paris en 1872. Image de la « première » erreur judiciaire, il incarne la fragilité d'une justice qu'il faut sans cesse avoir sous les yeux.

Quelle leçon tirer d'une généalogie aux ramifications aussi profondes ? Légitimité et responsabilité ont été longtemps les plus anciennes justifications de la justice. Mais notre souvenir doit traverser une épaisse nappe d'oubli pour retrouver le fil de cette mémoire. De la monarchie à la Révolution et au-delà, ce n'est pas le juge qui est le visage de la justice, mais la loi positive. Sous hégémonie étatique, le droit est devenu une science secrète et lointaine, rivée aux sphères du pouvoir. Observant les images de justice, Robert Jacob note, au tournant du XVIIe siècle, la substitution du grouillement populaire des audiences aux anonymes et froids palais de justice, où seuls des gens de robe se pressent. Le juge offre, à partir de cet instant, l'image d'un être silencieux durant le procès, dont le pouvoir reste arbitraire et la sentence indéchiffrable. Rappelons que, sous l'Ancien Régime, les jugements n'étaient pas motivés, et que la Cour de cassation cultive encore aujourd'hui les vertus de l'*imperatoria brevitas,* cette brièveté légendaire des jugements à phrase unique. L'omniprésence de la loi recouvre le pouvoir d'interprétation du juge, assèche son argumentation et étouffe toute expression de sa responsabilité dans la cité.

Le fait essentiel est qu'aujourd'hui le regard du public se porte à nouveau sur le juge, qui retrouve le visage humain de la loi qu'il eut jadis. Ce regard de la société a une valeur instituante pour lui. Il est à la fois ce qui le légitime et l'assigne à rendre des comptes devant le public. Particulièrement salubre, il permet d'échapper au mythe de la bonne institution judiciaire, qui succéderait à celui de la République corrompue. La responsabilité qui lui incombe est infiniment plus profonde et plus ample qu'une simple sanction des fautes professionnelles. A la responsabilité comme sanction doit s'ajouter une « responsabilité-action [2] », c'est-à-dire une éthique qui anime la fonction de juger, bref une responsabilité à la mesure de la place nouvelle de la justice dans la démocratie.

A. Un nouveau regard sur la justice

Aujourd'hui, nul ne s'y trompe. Une audience, un jugement, la parole du juge ont un impact que n'a pas l'abstraction d'une loi. Chacun dans sa vie propre vit douloureusement le passage de la justice. Qui n'a aujourd'hui connu, directement ou dans son entourage, un divorce ou un licenciement ? Toute décision de justice résonne comme une interrogation ou un scandale. Son passage imprime en chacun d'entre nous les marques d'un conflit ou d'un deuil. Mais, symétriquement, la justice n'est guère épargnée par l'opinion. Toute initiative inhabituelle des juges ressemble à un activisme. Tout délai anormalement long à du laxisme. On est stupéfait de voir certains juges se lancer de leur propre chef dans des perquisitions ou polémiquer par voie de presse. Mais que l'on devine une carence, et voilà que l'on crie au déni de justice. Les mêmes qui demandent une justice efficace et rapide sont inquiets de voir naître une puissance incontrôlable. Toujours plus assaillie d'attentes multiples et contradictoires, cette justice, dont on sent l'autonomie irréversible mais incertaine, laisse son public perplexe. Sans doute parce que, ici plus qu'ailleurs, le regard et l'objet observé interagissent sans cesse.

Le regard des autres

A première vue, à la fois plus nombreuses et plus visibles, les attentes à l'égard de la justice paraissent singulièrement contradictoires. Les sondages mettent toujours en avant la lenteur et le coût, l'hermétisme du langage et la manipulation des juges par le politique. Ils dénoncent là, à juste titre, le vieux trait culturel d'une profession coupée de la société et vouée à servir le pouvoir. Mais, en même temps, l'acte du juge, quand il prend la forme d'un jugement en équité, d'une éthique personnelle ou d'une stratégie médiatique, effraie par son potentiel d'arbitraire. Une magistrature libérée de toute tutelle fait peur. N'est-ce pas oublier qu'elle est là avant tout pour appliquer la loi ? Ces réticences sont renforcées par la réaction des juges, qui reprennent volontiers ce discours réducteur devant les défis redoutables de cette visibilité démocratique. En un mot, toutes les conditions semblent réunies pour ne pas ouvrir un débat sur la responsabilité des juges, tant il est menacé par un triple piège :

représentations collectives contradictoires, pesanteur de la tradition positiviste et enlisement dans des réactions corporatistes.

Pis encore, l'image du juge est brouillée. On ne sait plus très bien – et le sait-il lui-même ? – qui, du technicien de la loi, du créateur de normes ou du fonctionnaire, se cache derrière le juge. Sa première mission est d'*appliquer la loi,* certes. Ses décisions tirent d'abord leur légitimité d'une loi appliquée à tous. Mais on sait aussi que ce positivisme est un leurre. On voit chaque jour qu'un procureur peut, au nom de l'opportunité des poursuites, écarter l'application de la loi. Le juge constitutionnel contrôle la législation, et le juge « ordinaire » applique un droit européen supérieur à la loi nationale. Une part considérable de la production du droit est sédimentée, au fil des cas, par l'interprétation. La texture d'un droit, délibérément ouvert à son appréciation, place le juge en première ligne. Il doit répondre, sous peine de déni de justice, aux questions lourdes que se pose la société : bioéthique, violences urbaines, délinquance sexuelle, responsabilité civile… Le risque de voir une ineffectivité judiciaire répondre à une boulimie législative n'est pas négligeable. Celui de voir un activisme procédural répondre à la disparition des normes éthiques ne l'est pas moins. Mais, de toute évidence, une fois qu'il s'en saisit, à chaque cas, le juge réinvente la loi et prend à son compte l'interrogation à laquelle elle ne répond pas. Il la façonne, la revisite et la rejustifie. Tout jugement est la rencontre entre une lettre inerte et un acte de volonté. Jacques Derrida montre bien que le « comme si » est inhérent à l'acte de juger : appliquer une règle de manière juste, c'est « *en quelque sorte* inventer à chaque fois la règle », « *comme si* à la limite la loi n'existait pas auparavant, *comme si* le juge l'inventait à chaque fois[3] » Rien n'est mécanique dans l'application de la loi. Au contraire, il s'y joue une réalisation volontaire enrichie d'un acte créateur qui donne sens à la norme. Y voir un acte de soumission ou, inversement, un acte de subversion, une norme créée pour un usage personnel ou l'application mécanique d'un code, conduit à nier la singularité créatrice de l'acte de juger. Nos représentations, oscillant entre un législateur sacralisé et un juge vassalisé, nous empêchent de voir l'émergence possible d'une responsabilité à la hauteur de ce qu'est le pouvoir de juger.

Une fois le pouvoir de juger remis au jour, peut-on mieux cerner la responsabilité du juge ? Il est certain que l'appel à la déontologie ne peut épuiser la nécessité d'imaginer une responsabilité correspondant à l'amplitude de ce pouvoir. La fonction de juger n'évolue plus seulement par rapport à une institution étatique, mais s'ouvre à une société civile, dont elle accompagne la restauration. Plus distanciée de l'Etat, la justice tend à s'autonomiser et trouve un nouveau public soit par l'extrême visibilité de son pouvoir pénal, soit parce qu'elle territorialise de plus en plus son action dans la cité. Son incertitude est grande dès lors que les *attentes de rôle* deviennent contradictoires. Trancher ou concilier ? Prévenir ou punir ?

Arbitrer ou juger ? S'ouvrir au social ou rester impartial ? Dans une société où le droit devient un mode de gestion du changement social, les conflits de rôle sont plus aigus au moment où ils deviennent de plus en plus visibles. Ils se multiplient à mesure que la fonction se fait plus complexe et que la demande de justice s'accroît, alors que les autres médiations s'étiolent. Comment peut-il en être autrement quand les antagonismes de valeurs convergent dans une institution naturellement ouverte aux demandes sociales ? La justice, alourdie de toutes les contradictions de nos sociétés, ressemble à un laboratoire des questions communes que la loi ne peut, de son propre aveu, élaborer seule. D'où l'inquiétude accrue de la société, qui voit croître l'activisme du juge sans se satisfaire d'une responsabilité rarement explicite et peu visible.

Le regard sur soi

Le poids de ces attentes modifie la perception que les juges ont d'eux-mêmes. Au prisme du regard des autres, les frontières intérieures se déplacent et influent sur les pratiques. Comme l'a montré l'implication locale du parquet, prendre sa place dans la cité quand on est habitué à travailler au cas par cas implique de regarder au-delà de l'horizon tracé par son tribunal et par sa hiérarchie. Observons une audience solennelle de rentrée, moment de communication avec la société locale, les élus et la presse, au début de chaque année civile. Le président, entouré des juges en robe, entre dans la salle d'audience. Devant eux, toute la société provinciale est réunie pour entendre les discours des chefs de la juridiction. Celle-ci se donne à voir telle que l'a voulue la tradition républicaine : un corps hiérarchisé, révéré pour sa majesté, immobilisé dans des rituels d'un autre âge. La prépondérance des discours à dominante historique ne se dément jamais durant deux siècles. On a oublié que, pendant toute une partie du XIXe siècle, seuls les procureurs avaient le droit de s'exprimer à cet instant solennel. On sait de quel prix l'ont payé certains pour avoir ébranlé cette figure invariable par leur liberté de parole[1].

Aujourd'hui, la scène et les acteurs ont changé. Alors que la justice occupe une place croissante dans la vie démocratique, son statut dans l'appareil d'Etat n'évolue guère au même rythme. Les audiences solennelles répètent immuablement le même rituel. Mais le décalage entre une évolution sociologique et le rituel de présentation d'un corps hiérarchisé devient abyssal. C'est, au-delà de l'action syndicale, la profession tout entière qui vient marquer son besoin de reconnaissance par différents canaux d'expression. Si la magistrature veut user de ses pouvoirs de façon autonome, à bonne distance des tutelles politiques, sa volonté inédite d'exercer un rôle politique trahit pourtant son incertitude : un écart de plus en plus grand s'installe entre la liberté de parole prise et la réalité de la fonction occupée, entre le lieu où la société place les juges et celui où la République les assigne. Mais, surtout, le ton change. « Comment expliquer que, face à des comportements que nos codes pénaux érigent tous en crime grave, il n'existe aucune stratégie mise en place par ceux qui ont la charge de définir la politique criminelle [...] ? Notre rencontre n'est pas un colloque scientifique ni un simple séminaire destiné à améliorer les performances techniques des participants. Notre rencontre est un *manifeste,* un rappel que la justice est présente dans ce débat capital[5]. » Qui parle ici ? Un juge « rouge » qui appelle son public à l'insurrection ? Nullement. C'est le procureur général de Genève, responsable de la politique pénale de sa ville, un grand professionnel qui réclame les moyens de poursuivre la lutte contre le crime international. On peut sourire quand Renaud Van Ruymbeke, prenant à témoin l'opinion sur cette même question, déclare quel est son salaire aux journalistes qui le lui demandent. Mais, en voulant faire son travail de manière *désintéressée,* il affirme en même temps son appartenance à la classe moyenne et se démarque d'élites suspectes, aux yeux de l'opinion, de rentabiliser une carrière[6].

La question de la représentation du tiers pouvoir est désormais posée. Le paradoxe est que *la* justice reste encorc représentée principalement par un ministère, alors que les pouvoirs de l'exécutif sont redistribués. On voit aujourd'hui les nominations relever du CSM, les poursuites individuelles échapper à l'exécutif et les politiques locales conduites par des parquets plus autonomes. Quelle sera la responsabilité de ces nouveaux lieux de pouvoir qui héritent de compétences qui appartenaient auparavant à un gouvernement bénéficiant de l'onction démocratique ? Qui témoignera de cette nouvelle représentation, dès lors que la justice ne se reconnaît plus dans une allégeance à l'exécutif, mais se définit comme un tiers pouvoir ? Si la justice veut légitimement parler et expliquer, il faudra sans doute des *organes représentatifs* qui donnent sens à sa nouvelle place dans la démocratie. Le regard de l'opinion et la fracture de l'exécutif recomposent les frontières externes et les équilibres internes de la justice. L'autonomie de la magistrature opère un basculement, au terme duquel le juge tend à être non l'agent d'un pouvoir délégué mais, peu ou prou, un acteur encore hésitant dans l'espace public.

Les trois publics

Le thème de la responsabilité des juges doit donc être repensé à hauteur de cette identité politique naissante. Il s'inscrit dans une incertitude, dès lors qu'une part croissante de leur activité se déroule dans une frange qui ne relève ni de la procédure ni de la déontologie. Comment, en effet, codifier des attitudes et les paroles prononcées lors d'une audience ou devant les médias ? On devine que, sur cette frange, se joue toute l'identité d'une profession engagée dans la vie de la cité et désarçonnée par l'éloignement de ses références professionnelles. L'écart se creuse, au sein du même corps, entre une magistrature de carrière ayant des comptes à rendre à une hiérarchie et une autre magistrature qui se sent aussi comptable de ses actes devant les citoyens. Toute une profession est prise à revers par une ouverture mal comprise et malaisément acceptée. Là où le juge se situe dans une référence à son obligation de dire le droit, le public est attentif à un comportement. Là où il se concentre sur le respect de la procédure, c'est la manière d'agir et les mots qu'il prononce qui retiennent l'attention. C'est ce cumul d'attentes qui déconcerte et interroge. Une profession formée au positivisme et dont le « groupe de référence » reste la hiérarchie judiciaire est déroutée par la visibilité accrue de sa fonction.

Ce qui émerge est la *pluralité des publics* devant lesquels le juge s'exprime. Trois cercles l'entourent désormais. Le premier comprend les acteurs du procès et le public de l'audience. Ce qui domine ici, c'est la qualité du débat, l'effort d'écoute et l'éthique du juge. C'est le domaine par excellence du *kairos* judiciaire, cet art de l'opportunité dans les situations incertaines[7]. La dialectique de l'argumentation obéit aux mêmes règles. La décision du juge ne peut « tenir » que par la recherche d'adhésion, bref, comme le dit Perelman, « il ne procédera pas des vérités de départ vers les vérités démontrées, mais des accords préalables vers l'adhésion à obtenir[8] ». Dans le deuxième cercle, on trouve le monde des professionnels qui accueillent la décision dans le champ du droit. C'est le niveau de validation de la décision. La communauté des juristes est la gardienne de la bonne interprétation. A partir du moment où la règle n'est pas donnée d'avance dans la loi positive ou par la réalité sociale, toute construction de sens suppose une instance de validation, un débat juridique que le jugement n'achève pas. Mais ce repère est plus circulaire que hiérarchique, compte tenu du caractère interprétatif du droit, reprise indéfinie d'un débat argumenté. Et surtout, la validation jusque-là purement interne à la profession tend à s'extérioriser au contact d'un public plus large où domine un environnement social, politique, médiatique. Dans ce dernier cercle, le corps social tout entier est devenu le public du juge qui élargit la référence de son groupe professionnel. Aucun jugement portant sur une question politiquement controversée n'échappe à la sanction de l'opinion : que l'on songe au non-lieu concernant Paul Touvier, aux péripéties du procès du sang contaminé, ou, plus largement, aux décisions majeures du Conseil constitutionnel.

Les conflits entre les attentes de ces trois publics sont inévitables. Quand le président de la cour d'assises de Bordeaux remet Maurice Papon en liberté, il donne sens à la présomption d'innocence. Mais, inévitablement, sa décision motivée en droit scandalise bien des victimes et, au-delà, une bonne partie de l'opinion. Mieux conscient de ces conflits, le juge doit convaincre un large public du sens de sa décision, défi que notre magistrature ne rendant des comptes qu'« en interne » est peu préparée à assumer. Dans son acception la plus large, l'acte de juger est une décision potentiellement universalisable et qui peut être partagée par tous. Il vise à trouver l'argument acceptable, celui qui, parce qu'il épuise la série des « parce que », donne sens à un jugement pour une communauté donnée. Cette exigence d'*acceptation collective* est liée à la structure d'un pouvoir désormais ouvert à un auditoire idéalement conçu comme universel. Le débat sur la responsabilité du juge commence par une meilleure lisibilité de son action à l'égard de ces trois publics. La justification de ses décisions est indispensable pour que celles-ci soient considérées comme fondées par les professionnels, mais aussi qu'elles inspirent le respect dans le public. Ce qui est valable pour les *décisions* devrait l'être aussi pour les *politiques de justice.* C'est dire l'importance du débat au Parlement sur cette politique gouvernementale suggéré par le rapport Truche : une justice capable d'argumenter ses politiques publiques et de mieux rendre compte de ses décisions individuelles, il ne faut pas chercher ailleurs sa première responsabilité.

B. Une responsabilité à inventer

Identifié et reconnu à sa vraie place, le niveau de responsabilité du juge pourra être fixé de façon plus adéquate. Certains signes ne trompent pas. Ainsi cette phrase du discours d'investiture de Lionel Jospin : « La responsabilité d'un exercice équitable et non partisan de l'action publique se trouve remise aux procureurs qui en sont *comptables devant les citoyens*[9]. » Après l'attente d'impartialité formulée par Jacques Chirac, le regard porté sur la responsabilité démocratique du magistrat change totalement la perspective. En voyant la justice d'un point de vue politique, on écarte l'image récurrente d'une administration défectueuse ou impuissante. On parvient enfin à nommer une réalité jusque-là innommable dans notre culture politique. En même temps que le pouvoir exercé, la responsabilité du juge devient pensable.

Mais comment encadrer le juge – et le sanctionner si nécessaire – tout en insistant sur la nécessité de susciter une attitude réflexive ? Bien peu de choses permettent d'élaborer une responsabilité du juge à la hauteur de nos exigences. On ne peut se référer qu'à quelques textes laconiques et à une jurisprudence disciplinaire partiellement publiée. Bien des questions restent en sommeil. Nul ne s'interroge *en tant que tel* sur le sens du serment, de l'obligation de réserve ou du devoir de loyauté. En l'absence de vrai travail d'interrogation sur le corpus existant, on ne peut se contenter que de quelques coups de sonde là où ces questions semblent émerger.

Une première source se trouve dans les textes, que l'on peut analyser sous l'angle des questions éthiques. Ainsi de ceux qui régissent le parquet, dont on se demande toujours si sa faible indépendance traditionnelle l'autorisait à avoir sa liberté d'appréciation. Alors même qu'il est soumis au pouvoir exécutif, la loi dit que le ministère public « développe librement les observations orales qu'il croit convenables au bien de la justice[10] ». Un organe soumis à une hiérarchie peut-il être en situation de libre choix, ce qu'exprime l'adage selon lequel sa « parole est libre à l'audience » ? Le conflit est particulièrement aigu ici, dès lors que l'on peut donner des ordres écrits ou téléphoniques au parquet alors que, parallèlement, celui-ci conserve une liberté de parole. Le ministère public est-il agent du gouvernement ou l'interprète de la loi ? Il y a là un conflit éthique entre loyauté et impartialité, quand l'exécutif et son subordonné s'entendent pour évincer le tiers pouvoir de la justice en engageant une négociation informelle.

Autre source de réflexion, la doctrine du Conseil supérieur de la magistrature. Organe chargé de la gestion de la carrière et de la discipline des magistrats, désormais composé d'une majorité de représentants de la profession, le CSM prend beaucoup de décisions en se référant, non à des impératifs de gestion d'une profession, mais à l'*image de sa fonction* que le magistrat doit donner à la société. Cette posture nouvelle est décisive dans une magistrature de carrière, notée et évaluée du dedans par la hiérarchie. Ainsi la pratique de rester au moins deux ans, au plus dix ans avant de changer d'affectation est justifiée non seulement par le bon fonctionnement de la justice, mais par le souci de « garder une totale indépendance par rapport à son environnement[11] ». Dans ces deux cas – excès de temps ou absence de temps suffisant dans un poste –, le

CSM en appelle aux devoirs du magistrat devenu lui-même, en quelque sorte, justiciable devant la société. Ce qui domine est une *éthique de la bonne distance* : ni trop près du justiciable, ni trop loin, ni trop longtemps, ni trop brièvement dans son poste. Il faut se garder d'un excès de proximité dans ses affaires privées – avoir des participations importantes dans une société commerciale, par exemple – et rechercher activement l'impartialité dans ses fonctions juridictionnelles. Ce qui importe ici, c'est moins le contenu des règles déontologiques posées que la nouveauté de l'exigence : mettre sur le compte d'une institution les attentes légitimes d'une société démocratique.

Comment ne pas songer ici à l'acte originaire qui fonde l'identité professionnelle du magistrat : le serment ? En prêtant serment, le juge accepte de placer sa fonction dans l'horizon d'une promesse de fidélité à ses devoirs. Longtemps, le serment a été court-circuité par un acte d'allégeance quasi charnel au politique : sous la monarchie de Juillet, par exemple, le juge prêtait solennellement serment *entre les mains* du roi. Or, si le serment du juge est toujours l'acte ritualisé d'incorporation dans un corps, il se fait aujourd'hui publiquement, en audience. Ainsi fondée, la fonction du juge s'éloigne d'une relation verticale pour être assignée à responsabilité devant un public. A partir de ce mince rituel se dégage une promesse de réciprocité. L'audience publique, lieu naturel de sa fonction, est la réactualisation du serment, puisque le juge témoigne de son activité professionnelle et se met lui-même, en quelque sorte, en situation à son tour d'être jugé. Manière de rappeler le rôle légitimant de la transparence des procédures. C'est parce qu'il est lui-même évalué dans son comportement public que le juge peut légitimement juger du comportement d'autrui.

C'est là le point nouveau : la justice se sent responsable de l'image qu'elle donne d'elle-même, ce qui alourdit sa responsabilité d'une exigence de réflexivité. Ainsi, le CSM donne aux chefs de juridiction une responsabilité particulière en raison de l'obligation de réserve, « afin qu'à l'extérieur comme à l'intérieur de l'institution l'image de la justice ne soit pas obscurcie par des divisions[12] ». Qu'il s'agisse du devoir de réserve ou des débordements de la vie privée, le CSM a pour règle de les sanctionner s'ils donnent de la justice une « image dégradée ou partisane », pour l'un, s'ils manifestent un « comportement qui ternit l'image de la justice en raison de son caractère scandaleux », pour l'autre[13]. Sans doute aussi est-ce là le signe d'un déplacement de sa légitimité. Celle-ci n'est plus contenue dans la référence à un acte de souveraineté dont le juge est le délégataire, mais à une vigilance permanente que le public lui demande de s'imposer à lui-même. A une légitimité exclusivement validée par des normes empruntées à l'Etat administratif s'oppose une posture de responsabilité directe devant ce public.

Une éthique de la transparence

Cette ouverture à la démocratie place le juge aux antipodes du fonctionnaire silencieux légué à la République par l'Ancien Régime. Comment, dès lors, va-t-il échapper à la culture du secret qu'il hérite de ses origines inquisitoriales, lui qui, s'il est maître de l'investigation, reste silencieux dans le débat, secret dans sa délibération et elliptique dans ses motivations [11] ? Comment échapper au poids de cette culture qui se retrouve dans la recherche de la « manifestation de la vérité » du juge d'instruction ou encore dans l'image du « petit juge » qui fait « éclater la vérité », qu'aiment tant les médias ? Tout cela est ébranlé par les multiples points de rencontre de la justice avec son nouveau public. L'exigence de transparence impose de fait un contrôle sur le processus de décision. L'héritage du secret, qui fut la plus forte habitude d'une administration judiciaire, devient un obstacle majeur à la naissance d'un pouvoir judiciaire comptable de son action devant la démocratie. On mesure ici l'enjeu de la transparence pour la légitimité du tiers pouvoir de la justice qui, à la différence des autres, n'est pas élu. Il ne peut se contenter de dire le droit dans une mystérieuse alchimie ignorée des citoyens. En même temps qu'il ancre son action à des procédures visibles, il doit donner prise à un contrôle permanent de l'opinion. En faisant le pari de l'intelligibilité de ses procédures et de ses décisions, il assume le défi du contrôle tout en désamorçant le reproche d'arbitraire contenu dans la fameuse question : qui nous gardera des gardiens ?

Où se dessinent de telles questions ? D'abord dans la justice du quotidien, où le rôle du juge est complètement réévalué. Ouvert sur la cité, le juge est invité à sortir du cas par cas et à participer à des politiques publiques, à des négociations avec un large partenariat. En particulier, ces dernières années, le parquet, sollicité dans le cadre de la politique de la ville, s'efforce de se mêler à l'action administrative locale tout en poursuivant sa fonction juridictionnelle. La réserve de conflits de rôle possibles n'est pas mince. Les conséquences sur les citoyens ne le sont pas moins. Par quel dédoublement le parquet, qui est chargé de la poursuite, peut-il aussi mener une médiation pénale avec les justiciables ? Si de tels conflits ne sont pas insurmontables, quelles garanties a le justiciable sur le *vrai* rôle du magistrat qu'il a en face de lui ? Et quelles règles éthiques s'applique-t-il à lui-même pour résoudre cet antagonisme de rôles ?

A l'audience, ensuite, le juge sait-il suffisamment qu'il est, lui, le premier « jugé » par le justiciable ? Sait-il qu'il l'est non pour sa seule capacité à respecter les règles de procédure mais simplement sur son *attitude concrète* : parler dans le micro ou hors micro, instruire à dossier fermé ou en relisant les procès-verbaux, utiliser tel ou tel mot, choisir le temps de parole et l'heure à laquelle un dossier est pris... Ces petites choses, qui tiennent dans la « manière », expriment l'engagement à juger publiquement pris au moment du serment, que l'audience actualise sans cesse. A ce niveau, l'impartialité n'exclut pas l'empathie. Un président d'assises n'avait-il pas l'habitude de dire que « la pitié est la note du cœur dans la direction les débats criminels[15] » ? Qui fera vibrer le silence dont s'enveloppe un accusé afin de lui rendre la parole ? Seule, sans doute, la chronique judiciaire peut en garder la trace. « A l'audience le président veut connaître sa personnalité. Mais G. refuse. Avec délicatesse, le magistrat insiste. Le jeune homme répond par un silence que le président respecte patiemment, longuement, jusqu'à l'insupportable, se contentant de faire taire d'un geste les murmures de la salle. Le silence se prolonge, interminable, et soudain un sanglot explose. Puis il y a le bruit d'un homme qui se mouche et, enfin, la voix d'un adulte qui s'exprime comme un enfant, dont les mots sont hachés par les halètements du vrai chagrin. « Continuez », souffle seulement le président[16]... » On voit ici comment l'empathie s'arrête au seuil de la compassion, respecte la souffrance et cherche à faire franchir la distance qui sépare le dit du non-dit. Ce qui importe, c'est qu'un espace de parole surgisse entre les interlocuteurs, fruit d'un double renoncement, l'un à la compassion éloquente, l'autre à la souffrance muette. Mais, au-delà de ce cas, quelle garantie aura le justiciable d'être *suffisamment* entendu et traité équitablement et avec toute l'attention nécessaire ? Un tel comportement demande à être sans cesse *prouvé*, de telle sorte que les valeurs du rôle vivent à la hauteur de l'attente du public.

Les niveaux de responsabilité

L'identité future du juge reste indécise, tant il fut jadis confondu avec la loi et incorporé dans l'Etat. Rompant avec cet héritage, il cherche aujourd'hui sa place dans l'Etat en même temps que la bonne distance avec la démocratie d'opinion. Ce double déplacement s'accommode mal d'un statut inadapté et creuse des zones d'incertitude dans ses fonctions. Image intérieure de cette métamorphose globale, la responsabilité pourrait être le moyen pour lui d'en dominer le mouvement. Il y a tout lieu de penser que, dans l'avenir, nous accepterons le pouvoir du juge en contrepartie d'un haut niveau d'exigence éthique. Une justice qui juge de plus en plus de l'éthique des autres pourra-t-elle longtemps faire comme si elle n'avait à justifier de la sienne devant personne ? La nouvelle responsabilité des juges doit intervenir à plusieurs niveaux.

A la différence de la morale, qui impose des impératifs à la conscience de chaque individu, l'*éthique* est davantage une recherche permanente de ce qui est estimé bon dans une pratique professionnelle. Entre la loi, qui a un champ d'application générale, et la morale, qui relève de l'individu privé, l'éthique échappe à une définition légale puisqu'elle se nourrit de la manière dont un professionnel conçoit son rôle et applique personnellement les normes. Toute une série de vertus (fidélité, prudence, honneur) trouvent à s'appliquer non au prisme d'une action individuelle, mais au service d'une fonction réfléchie dans des valeurs. Là encore, il y a quelque incongruité à parler d'éthique du juge dans notre culture juridique, qui a la passion des lois et se désintéresse des cas de conscience qui peuvent naître de leur application. Ni corporatisme frileux ni arbitraire voilé, l'exigence éthique pourrait faire émerger une *légitimité professionnelle* non exclusivement fondée sur la compétence, et qui viendrait tempérer quelque peu l'hégémonie de la légitimité élective.

Cette responsabilité inscrite dans l'action permettrait d'aborder toute une série de conflits qui touchent les références professionnelles du juge (droit ou équité ?), son identité (arbitre ou enquêteur ?), son rapport à l'institution (productivité ou qualité ?), enfin sa relation au public (recherche d'adhésion ou obligation de réserve ?). Nous avons beaucoup d'enseignements à tirer de l'étude concrète des cas. Trop souvent, le culte du positivisme, encouragé par la prolifération des normes, asservit les juges à rechercher des « recettes » qui le délivrent de l'incertitude. L'étude des cas suppose de se confronter à une situation humaine et de réinventer à chaque fois la faculté d'imputation du droit. Indépendamment de sa fonction disciplinaire, le CSM pourrait avoir une section éthique chargée d'émettre des recommandations, à l'image des comités d'éthique dans le domaine de sciences de la vie. On pourrait imaginer, par exemple, que les juridictions sollicitent le CSM pour avis sur des questions d'éthique professionnelle[17].

Un deuxième niveau de responsabilité apparaît avec la déontologie. Au contraire de l'éthique, qui a son espace propre relevant de prescriptions non sanctionnées, la déontologie englobe les règles sanctionnées *a posteriori* qui gouvernent une profession. C'est dans cette double différence, dans le temps de l'action et dans l'intensité de la norme, que les deux contrôles peuvent être différenciés. On oublie souvent que le juge est encadré par un *système de responsabilité* à la fois civile, pénale et déontologique, qui résulte du statut de la magistrature. Il existe des textes[18] et un organe d'instruction des fautes disciplinaires placé sous l'autorité du ministre de la Justice et du CSM, qui apprécient le comportement des magistrats et les sanctionnent. Si tout cela est peu connu, ce n'est pas seulement parce qu'il y a peu de sanctions, mais surtout parce que la procédure disciplinaire est secrète et toute publicité pénalement sanctionnée. On comprend mal la non-publicité des audiences et le secret des décisions disciplinaires : ces interdits, fort rares en Europe, privent la profession d'un débat sur sa responsabilité et accréditent la thèse de la toute-puissance du juge. Bien qu'un pas ait été franchi avec la publicité des audiences disciplinaires pour le parquet[19], le secret des audiences reste la règle. Il serait souhaitable de publier – avec garantie d'anonymat – ces décisions, afin qu'elles soient diffusées, commentées et discutées. On mettrait fin à l'hypocrisie actuelle, qui consiste à maintenir un secret sur des décisions dont la presse parle, que tous connaissent en fait sans pouvoir en faire état[20]. Une réflexion éthique pourra s'appuyer sur un ensemble de décisions et ouvrir une réflexion fondée sur les cas dont elle ne peut se passer. La déontologie donne à voir *a contrario* ce que l'éthique aura pour tâche de réfléchir. Les vertus d'anticipation de l'éthique lui permettent – ce que ne peuvent faire les seules sanctions – de structurer durablement la profession.

De telles réformes resteraient pourtant insuffisantes si elles ne s'accompagnaient d'une audace supplémentaire : instaurer une véritable *responsabilité constitutionnelle des juges*. On ne peut pas reconnaître un pouvoir judiciaire à part entière dans les faits, sans qu'il y ait une sanction d'un niveau symbolique équivalent. Comment comprendre que l'on demande un contrôle externe pour les politiques tout en tolérant que les juges ne soient encore jugés que par leurs pairs ? N'y aurait-il de responsabilité politique que pour les politiques ? Un CSM à la composition plus ouverte n'y suffirait pas. Il faut soit une nouvelle juridiction reconnue dans la Constitution, soit un CSM composé exclusivement de non-magistrats. Ainsi investi, le juge s'engagerait à justifier de ses fautes les plus graves, le moment venu, devant une instance à dominante politique. Les démocraties où le pouvoir judiciaire est fort connaissent de longue date ce type de responsabilité comme l'*impeachment* dans les pays de *common law* et la *Richteranklange* en Allemagne[21].

Ces propositions appliquées au cas français sont-elles utopiques ? Certainement au regard de notre culture politique. Mais il faudra bien imaginer une responsabilité à la mesure du pouvoir exercé. A la fois plus fort et plus exposé, moins fonctionnaire d'une justice déléguée qu'expression de la société civile, le juge est, pour le moment, au milieu du gué. Une responsabilité repensée à partir de son implication dans la démocratie pourrait donner aux yeux de tous l'équilibre nécessaire à son pouvoir. N'oublions pas la grande leçon du Moyen Age. Le juge n'a conquis historiquement le pouvoir de juger qu'en devenant lui-même justiciable d'une instance supérieure. Il a toujours payé son pouvoir du prix d'une haute responsabilité devant autrui. C'est la soumission au regard d'un autre qui autorise à rendre la justice. La leçon se vérifie bien plus encore en démocratie. Nommée par le politique, la justice devrait, comme celui-ci, être soumise à un mécanisme de responsabilité symétrique. Puissance englobant le politique, elle doit aussi être englobée par ces deux frontières extérieures que sont, répétons-le, la *nomination* et la *responsabilité*.

Ainsi peut-être pourra-t-on répondre à la vieille énigme : *Quis custodes custodiet ?* (« Qui jugera les juges ? ») Répondre à cette ultime question suppose d'aller jusqu'au bout de la logique d'un pouvoir judiciaire *autonome* mais, en même temps, *relié* aux autres pouvoirs. Une fois admis à son vrai niveau, le postulat de la responsabilité des juges, leur légitimité à sanctionner les fautes du politique et à censurer les lois serait plus clairement établie. Les juges ne peuvent demander que pour les autres un contrôle neutre, impartial, insoupçonnable. Ils doivent aussi s'appliquer à eux-mêmes cette exigence. L'avancée de leur pouvoir, fondé sur une réciprocité de devoirs, n'en sera que plus légitime. Telle est du moins la proposition qui touche de plus près l'identité du juge. Au-delà, c'est la place de l'institution judiciaire tout entière qu'il faut repenser dans le contexte de la démocratie d'opinion.

VIII

Droit et justice en démocratie d'opinion

La vieille démocratie représentative semble aujourd'hui débordée de toute part. La vie politique se nourrit, grâce aux médias, d'une représentation continue, directe et plurielle du peuple. Les demandes politiques s'affranchissent des institutions qui assuraient le passage des droits subjectifs à la réponse collective. Une prise de parole foisonnante envahit un espace public, réduit à la projection désordonnée de passions individuelles. Qu'un crime surgisse dans ce contexte, et voilà la victime qui réclame justice et son agresseur éventuel exposé à la violence d'un climat d'apitoiement et de haine. Comment la figure du juge, médiateur impuissant dans ce nouveau paysage, pourrait-elle résister à une telle force de désymbolisation ? Certes, garant des droits individuels, il est en même temps le relais privilégié de la norme collective. Mais, dans nos démocraties effervescentes, ce juge passif, forcément soumis aux sollicitations de son environnement, peut contribuer à accroître l'individualisme et la pénalisation, alors qu'il devrait, à l'inverse, articuler les comportements individuels et la loi commune. C'est dire si le chantier de la refondation de la justice est vaste si l'on veut préserver son rôle de médiateur symbolique.

A. Une juste distance entre droit et politique

La clarification des relations entre droit et politique est un préalable obligé à cette refondation. Le droit n'est ni cet universalisme abstrait longtemps dénoncé par une droite conservatrice, ni une mystification qui cache un mode de domination comme la gauche l'a longtemps cru. Au-delà de la règle étatique émergent *les* droits comme source de légitimité et moyens d'action d'une société civile en quête d'autonomie. Peu à peu, le politique renonce à cette dimension prométhéenne qu'il a si souvent eue, pour accepter d'être lié à cet héritage. Une filiation juridique, jusqu'à présent peu perceptible dans la République, inscrit dans l'action étatique le rappel des principes démocratiques. Que découvre-t-on ? Simplement que le droit n'est ni l'expression d'une volonté majoritaire incarnée par la loi, ni l'organe de régulation d'une démocratie de marché. Il est l'institution d'une limite à la fois extérieure, commune et autorisée. Un peuple politique découvre que la place du droit dans une démocratie est avant tout de mettre des bornes à l'expansion du pouvoir. La médiation de ce tiers ouvre l'accès à une référence commune qu'un passé républicain semblait avoir enfouie à jamais.

Le fondement et le projet

Le chemin fut long pour y parvenir. Longtemps simple argument dans la lutte antitotalitaire, les droits de l'homme n'ont conquis que peu à peu leur part de contrôle de l'action politique. En cessant, dans notre héritage intellectuel, d'être une référence morale devant laquelle on s'incline pieusement, ils deviennent à présent le moyen de lier l'Etat à la démocratie. Depuis dix ans, le contrôle effectué par le Conseil constitutionnel n'a cessé d'infiltrer l'Etat de ses ramifications innombrables. Son influence va infiniment plus loin que la modération de la démocratie majoritaire par les droits reconnus à la minorité politique. Aucune décision gouvernementale ou administrative ne peut s'effectuer sans anticiper son éventuelle censure ou ses directives d'interprétation. Le respect du droit, des questions de constitutionnalité et de la morale républicaine dominent dorénavant les circulaires sur la programmation du travail gouvernemental. De son côté, le juge « ordinaire » fait application de nombreuses normes européennes, au besoin contre la loi nationale. Sous le manteau de l'indivisibilité républicaine, la Constitution de la Ve République – posant comme règle la supériorité des traités sur les lois – a largement ouvert la voie au pouvoir normatif du juge.

Cette mutation affecte souterrainement notre Etat administratif. Le droit devient le présupposé de toute décision qui, du coup, n'est plus réductible à un calcul stratégique ou à une évaluation rationnelle. Le décideur ne peut s'identifier à sa seule action. Il doit se représenter comme agissant au terme d'une délibération contrôlée par un juge. La référence juridique du projet politique doit rester transparente pour être légitime. Bien sûr, cela ne vaut pas dans tous les cas. C'est l'existence d'une atteinte ou d'une privation de liberté qui impose ce coefficient ajouté à la décision. Atteintes à la liberté, détention arbitraire, traitements inhumains ou dégradants ou internement injustifié : dans ces cas, le droit s'interpose comme une limite intériorisée par le décideur. La décision politique s'enrichit d'une délibération qui n'appartenait pas *a priori* à son processus. Son projet doit rester fidèle à un fondement normatif qu'il doit être en mesure de justifier.

L'exemple de la détention provisoire est éclairant. Longtemps, cette décision fut d'opportunité pure, véritable laboratoire de l'aveu et cœur de la puissance inquisitoriale du juge. Elle est désormais liée par des règles précises (conserver des preuves, empêcher une pression sur les témoins, éviter une fuite...). Mais, au-delà de ces conditions légales, la privation de liberté prend un tout autre sens dans la logique de la Cour européenne des droits de l'homme : le principe étant la liberté (« toute personne a droit à sa liberté et à sa sûreté »), il faut justifier à chaque fois avec précision les raisons qui motivent la décision qui lui porte atteinte. Une motivation insuffisante peut ainsi conduire à son annulation. Ce qui fonde ce type de décision n'est donc pas l'enquête elle-même, mais la justification d'une exception à un principe de liberté préalablement posé. C'est un total renversement de perspective. L'Etat est limité dans sa marge d'appréciation par une « loi suffisamment précise » poursuivant un « but légitime » qui apparaît « strictement nécessaire dans une société démocratique. » L'opportunité d'une décision, dès lors qu'elle touche une liberté, doit être réfléchie dans une instance de jugement. Sa légitimité démocratique n'est pas ailleurs. L'exigence d'une dérogation à un principe de respect de la liberté posé préalablement est seule apte à la justifier. Seule une telle démarche a quelque chance de redonner un sens à cette fiction temporaire et fragile qu'est la présomption d'innocence.

La défiance et la confiance

Cessant d'être une incantation, les droits de l'homme deviennent le socle du droit commun des démocraties. Ils font vaciller la vision française d'un droit à dominante instrumentale, conçu par et pour l'Etat. Leur large spectre, nourri de normes européennes, déroute la psychologie de nos décideurs et pèse de l'intérieur sur les présupposés de l'action politique. Mais gardons-nous d'inverser les rôles. La dérive qui ferait du droit le tout du discours politique ne doit pas conduire à voir dans le politique le lieu d'une aliénation, voire d'un mal inhérent à toute vie collective. Les droits définissent une limite commune, non une action politique, un impératif irréfragable, non une vision du futur. Leur donner la charge de guider l'action collective serait susciter une passion d'égalité sans butoir. Le politique, longtemps limité à la catégorie de l'action et du projet, y trouve une contrainte et un cadre. Le droit s'intègre à un processus politique plus vaste que lui, dont il modère l'évolution. Installé au cœur du politique, la défiance du contrôleur ne le disqualifie pas, mais lui offre un cadre pour agir et lui impose d'argumenter. Il n'y a donc aucune opposition entre droit et politique, mais simplement l'interposition d'un tiers entre le projet et l'action. Dans l'espace ouvert, et sous le contrôle plus aigu de l'opinion, s'insèrent les valeurs à défendre, l'idéal à ne pas oublier, bref une source mobilisable par tous ceux qui veulent prendre part à l'action politique.

Au bout de ce mouvement, la justice rétablit le droit du sujet politique à contester l'injustice possible de l'Etat ou encore, pour le dire avec Constant, restaure la dialectique de la « confiance libérale et de la défiance démocratique [1] ». Comment comprendre ce paradoxe ? La justice induit une dose de défiance à l'égard du politique, ce qui permet de lui rappeler les contours de son action. Cette défiance, loin d'être une contrainte paralysante ou un risque à contourner, est la condition qui rend possible de vivifier la confiance envers le politique. L'usage de la critique permet d'éprouver la délégation de pouvoir des citoyens aux représentants. Malgré cette défiance, rien ne permet de craindre, en France, une *hybris* des juges. N'oublions pas que la seule tradition juridique qui nous serve de précédent, celle du Conseil d'Etat, montre que le pouvoir politique est contrôlé d'une façon modulée sans que le juge lui impose un contenu normatif. La technique d'une *défiance graduée* mise au point par le Conseil d'Etat – du contrôle normal à celui de l'erreur manifeste d'appréciation – se retrouve au cœur de l'œuvre du Conseil constitutionnel et de la Cour européenne des droits de l'homme.

Dans ce dernier cas, le juge trace trois cercles où il inscrit l'action litigieuse de l'Etat selon le degré de protection souhaitable des libertés[2] : dans le premier cercle, l'Etat garde une large liberté d'action, en particulier dans les domaines de la vie privée et familiale, de la liberté d'opinion ou de la sécurité. Ici, la Cour européenne *suggère* un simple contrôle de compatibilité avec les normes européennes. Dans un deuxième cercle, elle *encadre* l'intervention de l'Etat tout en respectant une marge d'appréciation par rapport aux normes européennes. On retrouve ici l'idée de « restrictions nécessaires à une société démocratique », qui fut à l'origine de la condamnation de la France pour ses écoutes téléphoniques. Enfin, dans un dernier cercle, elle *impose* à la souveraineté étatique des interdits comme celui des traitements inhumains et dégradants. On touche ici un contrôle de conformité à des droits indérogeables que l'on ne peut outrepasser sans encourir une sanction. Aucun signe de gouvernement des juges, donc. C'est le tissage prudent d'une dialectique entre conformité et compatibilité, défiance et confiance, qui domine. Le juge se réserve de parler à l'impératif lorsque le seuil d'une atteinte grave à la dignité humaine est franchi. Ce modèle signifie bien qu'il ne s'agit pas de paralyser l'Etat, mais de le contraindre à une dimension réflexive afin qu'il ne menace pas les libertés. Si cette *contrainte de sens* est reconnue comme légitime, droit et politique seront mis chacun à leur place dans une échelle de valeurs partagées.

B. L'indispensable réforme de la justice

C'est dans cette nouvelle articulation entre politique et droit que s'inscrit la réforme d'une justice qui accompagne cette évolution. Réforme difficile, comme l'avait déjà vu Montesquieu pour qui « chez un peuple libre, le chef-d'œuvre de la législation est de savoir bien placer la puissance de juger[3] ». Il y faut un art consommé de la conciliation entre la légitimité démocratique du statut du juge et l'impartialité indispensable à toute fonction de jugement. Le climat franco-français qui oppose « démocrates » et « jacobins » sur ce thème complique tout cela d'un débat sans issue entre des passions politiques que tout oppose. Se dégager du spectre du gouvernement des juges aiguillonné par les tenants d'une souveraineté populaire défensive n'est pas une mince affaire. La rupture doit opérer sur trois plans : fonder le pouvoir du juge, définir sa fonction et justifier sa légitimité.

Un pouvoir fondé
La *nomination* des procureurs par l'exécutif, après avis conforme du CSM, serait un premier acte décisif. Ainsi serait réalisé l'ancrage démocratique du judiciaire, tout en disposant de la garantie d'une impartialité dans les nominations. C'est également le moyen de tenir à distance le double risque des fausses vertus de l'autodésignation et d'une instrumentalisation récurrente. Il ne faudrait pas qu'en réaction à un passé de soumission les nominations cèdent au fantasme de la bonne institution purgée des miasmes du politique. Le pouvoir du juge serait autofondé et son indépendance affublée du faux nez du corporatisme. Il n'y a, bien au contraire, rien de choquant à ce que l'exécutif garde un pouvoir de nomination. Une justice démocratique est à ce prix. On le voit dans les pays anglo-saxons, où les nominations politiques dans ces cultures juridiques fortes ne font nullement obstacle à l'indépendance du jugement. Voilà pourquoi en France, un CSM à la représentativité non exclusivement professionnelle et à la fonction de porte-parole plus affirmée est le point de passage obligé de la réforme. Il pourrait devenir le régulateur des relations avec le politique, l'organe représentatif de la profession et, à l'écoute des plaintes, le laboratoire de la responsabilité des juges. La France, qui l'a toujours refusée, découvre ici la dialectique démocratique de l'indépendance des juges : nomination par un pouvoir élu, autonomie des carrières.

Une distinction nette s'impose ensuite entre *poursuites individuelles* et *politique gouvernementale.* Ici l'indépendance des poursuites individuelles est indispensable. Pourquoi ? Essentiellement parce que l'acte de juger, dont la poursuite est la première étape, s'oppose par nature à la décision politique. Au lieu de partir du général, il part d'une expérience particulière dont il induit un énoncé normatif général. Prenons l'image du jugement esthétique : « J'énonce qu'une rose est belle », cela veut dire que la généralité du concept n'est donnée qu'à celui qui a l'expérience de la beauté[4]. Dans une décision de justice, de la même manière, la généralité de la règle n'est donnée qu'à travers l'expérience de faits particuliers. Ce qui domine, c'est le raisonnement par induction, le moment *singulier* du jugement et la prééminence de faits précis soumis au juriste. Tout l'inverse d'une décision politique, qui articule l'instrument de la légalité à la visée du bien de la communauté tout entière.

En droit français, un procureur ne fait pas que soutenir l'accusation face à l'avocat de la défense. Il est aussi *juge de la poursuite,* propose une peine et la fait exécuter. A tous les stades, il participe à l'acte de juger. L'unité de la poursuite et du jugement comme deux moments d'un même acte de juger est insécable. A l'inverse, couper le lien entre siège et parquet au nom de la nécessaire cohérence des politiques gouvernementales briserait cette unité. A quoi sert-il de dénoncer une intimité incestueuse entre siège et parquet, alors que l'enjeu est de sortir de la grande confusion entre exécutif et judiciaire ? Il faut d'abord poser les bases de la division des pouvoirs entre judiciaire et exécutif et ensuite repenser les fonctions du parquet et du siège dans leurs spécificités. Qu'à l'extérieur le parquet assume des politiques publiques comme une autre administration – dans le domaine de la prévention des violences urbaines, par exemple –, relève d'une différenciation de cette fonction initiale. De telles politiques publiques s'apparentent à des actions administratives autour du moment judiciaire de l'audience, noyau de la fonction du parquet. Au demeurant, les hypothèses de contrariété entre poursuites individuelles et politique judiciaire peuvent être résolues par une procédure transparente devant une instance tierce[5]. Belle image du tiers pouvoir que cette scène où les conflits entre l'instance chargée de la politique gouvernementale et celle qui assume la poursuite se déroulent à partir de la visibilité de leurs domaines respectifs ! Qui d'autre sera meilleur juge de cette nouvelle dialectique entre les pouvoirs que le public lui-même ?

Des compétences définies

Mieux définir le pouvoir du juge suppose de clarifier les affaires qui relèvent de la *juridiction* et celles qui peuvent être traitées par l'*Administration.* La croissance de l'Etat administratif a tant occulté la spécificité du juge qu'elle a rendu cette frontière indiscernable. L'ensemble de notre système inquisitoire puise sa substance dans cette confusion. Tout le contentieux de masse, qui submerge la justice aujourd'hui, pourra l'y engloutir. Le discours qui fait de la justice un « service public judiciaire » est un discours écran qui continue de brouiller cette frontière indistincte. Si la justice est un service public, c'est au sens du support d'une activité juridictionnelle qui n'a rien d'une fonction administrative. Poser le diagnostic qu'un juge est nécessaire pour trancher un conflit suppose qu'il y ait un enjeu de nature à mobiliser les valeurs du doute, de la délibération et du jugement. A l'inverse, l'Administration est surtout faite pour agir sous une impulsion hiérarchique et selon des modalités standardisées. Fondée sur des enjeux qui mettent en cause les valeurs collectives, la justice pratique, elle, un usage public de la raison qui scelle sa spécificité dans la démocratie.

A force de vouloir tout traiter en première ligne, comme on l'a vu avec le traitement en temps réel, la justice se confond avec une administration et multiplie les face à face sans tiers. Du coup, elle reproduit les conflits qu'elle a précisément pour mission d'apaiser et surtout reste *dans les faits* ce que la République a longtemps fait d'elle, un service public moins performant et plus inadapté que les autres dès lors qu'il est utilisé sans cesse à contre-emploi. Faute d'évaluer la matière à juger, elle traite tout à l'identique et s'identifie à un simple outil de gestion. Comment accepter que les audiences soient saturées d'une poussière d'affaires mobilisant plusieurs professionnels, alors qu'un traitement administratif serait bien préférable ? Est-il acceptable, au moment où la justice prend la stature d'un pouvoir dans l'Etat, que les infractions mineures constituent près de 40 % des affaires pénales ? Loin d'être une réforme purement technique, la lutte contre la bureaucratisation des matières judiciaires a un caractère politique : mieux sélectionner les matières à juger permettrait de sortir la justice d'un rôle d'administration impuissante, pour lui donner sa stature politique.

C'est moins vers un accroissement des compétences du juge que vers une redistribution de ses fonctions, impliquant nécessairement un nouveau rôle pour l'avocat, qu'il faut s'orienter. Voilà pourquoi il faut dissocier le thème de l'accès à la justice de celui de l'accès au juge. Ce qui compte, c'est l'accès à un bien, et non le maintien du mythe du guichet unique, généralisé par l'Etat providence. Il faut répondre à une demande de paix sociale par une diversification de l'offre, non par un accès direct au juge. De nouveaux acteurs doivent se partager la capacité de répondre à ce bien qui appartient à tous. Alors que l'avocat doit se diversifier pour avoir quelque chance d'absorber la demande, le juge doit s'économiser pour garder sa pertinence. Avocats, conciliateurs, médiateurs familiaux, entre autres, doivent avoir une place reconnue et encouragée. C'est la richesse d'un tissu d'interventions intermédiaires qui donnera à la justice le point d'appui indispensable pour rester à sa place. Faute de quoi, elle passerait simplement du statut d'administration impuissante à celui de service public de proximité. Le débat lancé sur la redistribution des ressources de la justice civile doit commencer[6].

Une fonction justifiée

Ni administration ni pouvoir élu, la justice est contrainte de justifier son pouvoir. C'est à ce prix qu'elle aura la possibilité de conquérir une légitimité. Les citoyens attendent de la justice autre chose que le traitement strict de leurs dossiers, mais avant tout une qualité d'écoute et de débat, un temps d'explication, une lisibilité des décisions. La légitimité d'un pouvoir judiciaire réside dans la transparence des procédures, le choix de formes contrôlables de son exercice et la visibilité des conditions d'élaboration de ses décisions. Il ne suffit pas de vouloir plus de juges, il faut que ces juges *prouvent* par leur comportement et par la qualité de leur argumentation leur propre légitimité. Le détour par la procédure en est la démonstration même. Son mode d'exercice vise à susciter une adhésion raisonnée aux points de vue contraires qui s'affrontent.

Voilà pourquoi l'ouverture du *contrôle de constitutionnalité* des lois aux citoyens devant le juge pourrait en être la figure nouvelle. Ainsi serait ouverte à tout citoyen la possibilité de confronter la loi aux principes qui la fondent. La passion française de changer de loi n'offre qu'une fausse sécurité juridique, qui masque la possibilité même d'une telle confrontation. Nous n'avons pas une scène où les débats de société peuvent être argumentés en référence aux normes éthiques du droit. Trop de normes bureaucratiques occultent ce droit du droit, où réside aujourd'hui la source de légitimité de la démocratie. Comment comprendre que le juge contrôle la conformité des lois françaises à la Convention européenne des droits de l'homme et non celle de ces mêmes lois à la Constitution ? La nouvelle division des pouvoirs devrait être rendue plus lisible. A l'exécutif et au législatif, la mission de définir les choix politiques selon les engagements pris. Au juge, le soin d'évaluer, s'ils sont contestés par les citoyens, la valeur de ces engagements au regard des principes démocratiques. On verrait le tiers pouvoir interposer, non un droit pénal omniprésent, mais le droit constitutionnel entre les citoyens et leurs représentants. Placé dans une situation moins conflictuelle, il serait plus apte à cimenter le nouvel équilibre de la démocratie.

Le parquet, épicentre de la réforme

Au cœur d'un tel remaniement, le statut du parquet subit la métamorphose la plus profonde. Pris dans un système hiérarchique, libre de sa parole à l'audience mais pas (ou pas encore) des poursuites, il est de surcroît le seul habilité à parler aux médias. On mesure la somme de contradictions qu'il doit gérer. Il va de soi que la puissance d'attraction de l'Etat administratif chez nous a renforcé cet aspect de son rôle : hiérarchie complexe, carrière, soumission aux injonctions du pouvoir, tout est fait pour lui rappeler qu'il appartient à une administration au service de l'exécutif. Le développement actuel de l'activité administrative du parquet (traitement en temps réel) tend à renforcer la tendance. C'est oublier le *paradoxe inhérent* à une institution aux fonctions à la fois judiciaires *et* administratives. La possibilité de donner des instructions individuelles au parquet durcit une opposition dans la justice elle-même entre une magistrature qui obéit et une autre qui juge. Le parquet est au centre du nouveau clivage des pouvoirs : d'un côté, il doit garder la position d'un agent impartial de la poursuite et, de l'autre, mener, comme toute autre administration, des politiques publiques sous la conduite de ce même exécutif. Le paradoxe du parquet est celui de l'institution judiciaire tout entière, quoique plus intense, compte tenu de sa structure hiérarchique. A son image, il tient la loi d'une main, les faits de l'autre, et oscille en permanence entre le général et le particulier, raisonnant tantôt par induction, tantôt par application. Même s'il est davantage du côté de la politique judiciaire, il participe au jugement qu'il ouvre par la poursuite et éclaire par ses réquisitions. La polarité administrative se relâche sans disparaître. Fonctionnaire soumis à une hiérarchie, il doit appliquer la politique générale du gouvernement. Mais il est aussi juge de l'opportunité des poursuites et reste libre dans l'appréciation d'un litige singulier. Mi-administration, mi-juge, ce parquet biface semble hésiter dans la voie à choisir.

Voilà pourquoi la démocratie d'opinion

devrait l'inciter à renforcer sa dimension juridictionnelle. Admettra-t-on qu'il puisse faire discrétionnairement une application sélective et facultative de la loi ? Au nom de quels critères ? L'absence de transparence d'un organe aux normes d'application opaques rend, à terme, ce fonctionnement difficilement compatible avec l'évolution de la démocratie. Le parquet ne pourra se contenter d'être une juridiction officieuse ou une administration efficace. Sa gestion du dossier, les choix de poursuite, les réquisitions et l'exécution des peines composent l'édifice du jugement. Devant qui rendra-t-il des comptes ? L'exercice d'un tel pouvoir ne saurait se suffire d'un contrôle interne et hiérarchique. La réforme du parquet suppose d'introduire dans une administration, sans doute hiérarchisée mais nullement contrôlée démocratiquement, une dose de transparence. Bien des actes, qui étaient jusque-là invisibles, car absorbés dans des fonctionnements opaques, devront être requalifiés en ce sens : les critères de la poursuite, la notification des décisions prises ou la motivation des classements. Aujourd'hui, en rendant compte devant les médias des enquêtes en cours, le procureur ouvre une dimension démocratique inédite de son activité. Lui qui est fait avant tout pour rendre des comptes en interne à sa hiérarchie, le voilà qui est l'agent d'une restitution publique de son action. L'organe sans doute le plus captif du fonctionnement interne de l'Etat, son rouage le plus intime, deviendra inéluctablement le lieu de la pénétration démocratique dans la justice.

•

C. Quelles normes pour la démocratie d'opinion ?

Une telle reconstruction est-elle réalisable sans toucher aux médias ? Certainement pas. Dans une société où nous sommes sans cesse confrontés à une effervescence d'images et d'émotions, comment la justice pourrait-elle garder sa place ? Sa nouvelle position dans la démocratie peut disparaître dans une montée aux extrêmes où se combinent, dans une alchimie variable, indignation, accusation et délation. La justice, qui a le crime et le scandale comme matière première, n'aura guère de répit dans une démocratie d'opinion qui vit autour d'émotions partagées. Surprise par la prolifération de régulations instantanées et totalement désinstitutionnalisée, elle est prise sur deux fronts. Elle, que l'on conçoit comme un tiers pouvoir autonome et impartial, est en même temps l'arme qui nous défend d'un mal sans cesse désigné par les médias. Alors que l'on veut la protéger de toute intrusion politique, la voici sommée d'être la force de dissuasion d'une collectivité unanime. La même opinion qui veut édifier une justice insoupçonnable est prompte à lui assigner des objectifs contraires : juger des coupables vite et sans délais, tout écart avec la légitime revendication des victimes étant une insulte à l'égard de l'injustice qui les frappe. L'extériorité naissante de la justice peut disparaître dans cette pulsion de pénalisation qui combine souffrance irréparable, pouvoir pénal et espace public médiatique [7]. De là vient la « contagion-panique » qui provoque, par des informations lancées à grande vitesse, un consensus moral sur une image choisie pour son impact émotionnel. La capacité d'embrasement de la société tout entière au nom de cette unanimité morale sauvage ne porte-t-elle pas, en germe, la dislocation des institutions démocratiques ? Comment accepter que les médias, eux, dont la liberté d'informer est la condition de possibilité de cette même démocratie, ne soient régulés que par le seul marché ? Passés sans transition d'une ère de soumission à une dérégulation quasi absolue, accepteront-ils de limiter leur jeune liberté ? A défaut, une démocratie d'incrimination, dominée par le pouvoir d'accuser, pourrait tout aussi bien naître de la recomposition actuelle des pouvoirs.

Une justice ouverte sur la cité

Certes, la presse ne juge pas, mais elle maîtrise l'agenda de la société médiatique. L'effet de spirale de l'événement qu'elle crée ne peut que développer la logique dévastatrice de l'image. En dévoilant une information à connotation scandaleuse, la presse souille à jamais les réputations et crée un effet de « reprise » qui se donne pour la vérité. La couverture médiatique des affaires judiciaires repose souvent sur la transmission d'informations parcellaires qui, dès lors qu'elles émanent d'une autorité officielle, ont valeur de vérité. Il y a quelques années, l'affaire de la petite Céline a été construite par les médias sur la foi de renseignements donnés par le parquet et par la gendarmerie. Justice, police et presse nourrissent un système pervers où chacun trouve un bénéfice : le juge parce que son affaire ne sera pas étouffée, la presse parce qu'elle tient l'information et la police parce qu'elle rend visible son action. Qui a fait le partage de ces responsabilités ? Dans cet espace médiatique, c'est toute la construction d'un procès dominée par les conventions du droit qui paraît fantomatique et irréelle.

Par quelles voies en sortir ? On songe généralement à poser des interdits à la liberté de l'information en sanctionnant pénalement toute violation de la présomption d'innocence. Mais n'est-ce pas placer un interdit là où son application est fort incertaine ? Quelle chance a-t-il de s'imposer quand les antagonismes sont trop violents pour être dénoués, dès lors que sont en jeu les investigations vitales pour la presse comme pour la justice ? Sortir de telles impasses suppose de repenser la *construction externe du procès* en organisant, au cours de son cheminement, une pédagogie de la communication : faire état des faits, dire son rôle et l'état du droit, annoncer les étapes, jalonner la phase d'instruction de « fenêtres », rendre compte de la décision et de son exécution [8]. Est-ce de la simple communication ? C'est, au contraire, la voie par laquelle la justice cessera d'être une bureaucratie opaque pour s'ouvrir au regard d'autrui. La publicité de l'audience, en rendant manifeste la présence de la loi, désarmera la transparence médiatique. A terme, un rééquilibrage entre secret et transparence est inévitable. La légitimité de la justice est d'être, dans le même mouvement, lisible *par* elle-même et *pour* les autres. Rendre justice, c'est aussi rendre compte du pouvoir que l'on exerce au moment où on l'exerce. Toutes les phases administratives d'un procès peuvent légitimement rester secrètes, qu'il s'agisse de l'investigation, des expertises, des auditions par la police. A partir de l'instant où le juge intervient, il ouvre un moment procédural forcément réceptif à un contrôle démocratique. Accepter le risque de cette visibilité, c'est restituer la réversibilité de la fonction de juger. Ainsi, les gardiens de la loi seront plus sûrement gardés par la démocratie elle-même que par les maîtres anonymes de l'Etat.

La fonction civique des médias

La question de la présomption d'innocence devient aiguë dans un monde médiatique qui ne tolère aucun secret dès lors qu'il ne recherche que des coupables. La première responsabilité revient à une justice pénale, dont le moment procédural fort est l'accusation. C'est cette présomption de culpabilité *inscrite dans la loi* que les médias durcissent par l'étendue qu'ils lui confèrent. Un homme est souillé dès lors qu'il passe en menottes à la télévision ou que son nom est publié par la presse locale. On s'en plaint à juste titre. Mais on oublie que la mise en examen et la détention provisoire avant jugement affaiblissent la présomption d'innocence. « Peut-on sérieusement prétendre que ce prévenu qui comparaît devant un tribunal correctionnel est présumé innocent quand deux décisions de justice ont déjà nourri une présomption contraire[9] ? » Il existe certes des recours pour violation de la vie privée. Mais n'est-on pas dans l'irréparable ? Qui s'est ému quand, il y a quelque mois, une série d'arrestations spectaculaires de présumés détenteurs de cassettes pédophiles a provoqué plusieurs suicides ? La présomption d'innocence est une fiction juridique dont nous sommes tous les gardiens. Elle n'est plus rien quand sa violation participe de la mise en scène qui constitue la faute au lieu de révéler des charges et, dans le même message, proclame la culpabilité et anéantit toute procédure.

La folle certitude de l'accusation ne révèle, en effet, ni le visage de l'accusateur ni le contenu des charges. Tout rapport à des valeurs comme la présomption d'innocence ou l'atteinte à la vie privée lui est *a priori* étranger. Nul n'a osé toucher jusqu'à présent à cette machine sacrificielle où sont rivés l'une à l'autre la puissance pénale et l'événement médiatique. Le temps est bien loin où une décision politique suffisait à enrayer cette dérive[10]. Désormais, les médias gouvernent l'espace public. La pureté morale appartient à qui s'en empare. La véhémence accusatrice, substitut des liturgies sanglantes d'un autre temps, met la démocratie en face de sa propre négation. Dans une démocratie régulée par le seul marché et sans cesse otage de l'urgence, la recherche de

« scoop », avivée par les impératifs du « bouclage », est vitale pour tout journal. Tout l'édifice du droit est aspiré dans cette transparence illimitée. Exemple majeur de cette aspiration : le secret de l'instruction, que l'on n'ose plus défendre tant il s'opposerait à la liberté de l'information. On oublie qu'il fallut un siècle pour que l'avocat puisse avoir accès au dossier au stade de l'instruction, ce qui permit de lever le secret *interne* (celui qui s'applique aux parties du procès pénal) inhérent au système inquisitoire. Or, en quelques années, du seul effet des médias, c'est la notion même de secret de l'instruction qui n'a plus de sens. Voilà pourquoi, en démocratie d'opinion, les médias restent une « autorité de fait », eux qui appartiennent « à deux mondes à la fois : le monde marchand et le monde civique [11] » et ne redoutent, par conséquent, qu'une seule sanction, celle du marché.

Le silence du droit a cessé d'être une garantie pour la liberté et pour l'indépendance du journaliste. A l'abstention de l'Etat, jadis protecteur de la liberté de la presse, doit répondre une protection de cette liberté publique contre la logique du marché. Mais comment réintroduire cette dimension civique cruellement manquante ? Parfois sauvage, moralement aveugle, la démocratie d'opinion se justifie en permanence de l'alibi du contre-pouvoir et de son statut de porte-parole du public. Son statut implicite de représentant autoproclamé de l'opinion la place en dehors de toute responsabilité. Continuera-t-elle à s'abandonner au vertige de la surenchère critique sans assumer une seule miette de sa responsabilité ? Cette responsabilité n'est aujourd'hui qu'esquissée par des régulations internes du type de celle d'un médiateur ou de charte de déontologie [12]. Il faut aller plus loin et, au-dessus des intérêts particuliers, instaurer une instance de régulation qui permette d'entendre les plaintes et de former une jurisprudence de référence pour les médias. La presse doit sortir de ses seuls intérêts segmentaires pour entrer dans la définition d'un bien commun, véritable instituant implicite de la démocratie : l'information. À côté des tribunaux qui gardent leur rôle de sanction au cas par cas, une telle instance jugerait des problèmes éthiques posés par le fonctionnement d'une presse libre. Une chose est de sanctionner une diffamation ou une atteinte à la vie privée, une autre de réfléchir aux contradictions de la transparence démocratique. Trop de transparence engendre l'aveuglement, trop d'images tuent la représentation, trop d'instantanéité finit par interdire toute communication. Au moment où les politiques sont confrontés à la sanction de leurs électeurs, où les juges prennent des responsabilités directes dans la démocratie, on ne peut continuer à confondre liberté de la presse et droit à la liberté d'expression. N'est-il pas temps d'*institutionnaliser la démocratie d'opinion,* ce qui ouvrirait un espace public délibératif [13] où ces questions seraient débattues, des avis donnés et, le cas échéant, des sanctions prises ? Cela fournirait aux médias une légitimité propre, distincte de la liberté d'expression et à bonne distance des contraintes économiques. En l'absence d'une réflexion éthique, la seule régulation se fait aujourd'hui *a posteriori* par la diffamation ou les réparations civiles pour atteinte à la vie privée. La tendance à la judiciarisation, ici encore, guette une société impuissante à trouver les bonnes régulations. Aujourd'hui, les conflits ponctuels se nouent et se dénouent dans un prétoire, mais, demain, le système reproduit à l'identique les mêmes effets.

D. Les individus et la loi commune

La société tout entière paie le prix de cette démocratie sans épaisseur et sans ombre. Le retrait de l'Etat comme figure de l'unité collective dévoile « un monde où le système et l'acteur ne sont plus en réciprocité de perspectives mais en opposition directe[14] ». La société ne trouve plus en l'Etat le lieu d'inscription de son récit collectif. Dans la fracture ouverte, l'individualisme et le repli sur soi fleurissent en même temps qu'au sommet les élites gouvernantes paraissent seules à occuper l'espace public. La confrontation se creuse entre ces deux espaces régis par des logiques opposées, celui des communautés enfermées dans leur différence et celui de la rationalité des pouvoirs et du marché. Au centre de cette déchirure, que fera le juge, qui noue inlassablement les liens incertains du collectif et de l'individuel ? Où sera-t-il porté, lui qui est désormais plus libre de ses choix, mais plus sensible aux mouvements de l'opinion ? Les deux dérives de la pénalisation et de l'individualisme qui traversent la justice contemporaine procèdent directement de cette fracture. L'utopie d'une société régulée par la seule volonté des plaideurs dont il serait l'arbitre est la version douce de l'individualisme juridique. Plus dur est le versant pénal qui consiste à dresser un cordon sanitaire autour de la jouissance des droits subjectifs. Prise en tenaille entre une demande de sécurité et une consommation de droits individuels, la justice saura-t-elle trouver sa voie ? Sa liberté nouvelle lui donne sa chance. Elle doit lui permettre de choisir son *télos* sans se tromper : plus que jamais, elle doit poursuivre sa fonction d'invisible « lieur » d'une société en danger de fragmentation.

Sujet de droit et institutions civiles

La dérive individualiste est le premier obstacle sur sa route. Une société où les institutions ne parviennent pas à accorder les individus court le risque de laisser s'installer un monde sans horizon de signification commune. Là où la seule valeur partagée est la défense des droits individuels, l'individu devient le détenteur d'une créance illimitée d'égalité, de liberté et de bonheur. Le risque est que l'absence d'un « horizon préexistant de signification[15] » ne renvoie les individus à leur propre insularité juridique et ne les conduise à solliciter la justice du seul point de vue de leurs satisfactions privées. Au centre des échanges régnerait un juge chargé de mettre en scène l'affrontement des droits subjectifs, voué à protéger les sphères privées, à l'image d'un parc naturel dans un environnement hostile. Ce mouvement de déliaison si fort dans des sociétés d'individus peut renforcer le mouvement, le durcir, le mener jusqu'à l'atomisation. Or, l'acte de juger consiste à trancher, à séparer, mais aussi à relier, à prendre part au débat qui le précède et à la décision rendue. Le danger serait de figer son arbitrage dans son premier moment, alors qu'il en appelle un second, plus vaste, vraie finalité du premier, celui de relier à un monde commun. L'acte séparateur du jugement n'opère que sur un tel horizon.

Mais, en deçà du droit subjectif, un individualisme de défection prolifère sur fond de précarité et de chômage. A-t-on seulement pris la mesure de sa portée ? Quand on sait à quel point le travail apporte statut et identité dans les sociétés démocratiques, on mesure ses conséquences sur la parenté, probablement le dernier système d'attribution des places stables. Le film de Ken Loach, *Raining Stones,* qui se déroule dans une banlieue anglaise, en donne une belle image. Dans ce monde où la pauvreté rend toutes les places équivalentes, le film raconte l'histoire d'un père sans travail qui ne cherche qu'une chose : offrir à sa fille, comme on l'a toujours fait dans toute famille catholique qui se respecte, une robe de communiante blanche. Il va traverser mille épreuves qui l'humilient. Mais, à l'inverse de tant de parents qui baissent les bras, il vit sa place de père comme le paiement d'une dette · *il sait* ce qu'il doit à sa fille et, au-delà de sa fille, ce qu'il doit à tous ceux (ses parents et les parents de ses parents) qui lui ont transmis le sens humain de la dette, comme un bien précieux dont il n'est qu'usufruitier. Etre humain ou ne pas l'être : c'est tout ce qui sépare, dans ces histoires croisées, l'humiliation comme destitution de la parenté et la dignité comme épreuve initiatique de la paternité.

Ce désarroi de l'individu démocratique interpelle le monde judiciaire, qui fut longtemps porteur d'un idéal de non-exclusion. A la menace sociale de devenir un jour ou l'autre des adultes inutiles s'ajoute la déchirure intérieure de se sentir des parents superflus pour des enfants sans filiation. La restauration du lien est l'horizon du jugement juste. L'angle d'approche du juge n'est ni la catégorie générale ni la thérapie individuelle, mais le lien entre la catégorie et l'individu. Son intervention concerne non la production de normes, mais le lien entre la norme et les comportements. Jamais il ne sera autant lui-même que dans ce tissage des liens nourri d'une longue patience, d'échecs fréquents et de succès microscopiques. Plus que jamais, le juge doit tenir la place du « lieur » invisible dans le royaume de la visibilité absolue, lui qui renvoie à une société déchirée l'image de la société réconciliée de demain. Voilà pourquoi, tournant le dos au monde de la violence incarné par l'Etat pénal, un Etat de justice doit assurer la permanence de la structure juridique, de l'état des personnes et du droit civil. « Ce n'est pas Pierre qui a des droits et des obligations ; c'est Pierre en tant que père, soldat, débiteur, propriétaire, qui agit raisonnablement et contre lequel toute action raisonnable est possible. Quand Pierre apparaît seulement comme Pierre, il apparaît comme déraisonnable, fou, imbécile ou criminel, comme ne voulant pas s'en tenir à son rôle et, par cela même, de personne de droit, devient objet de droit [16]. » Autrement dit, l'Etat de justice, en distribuant les droits et les devoirs, dresse le catalogue des rôles et des « masques du personnage social ». Face à la violence du conflit, sa tâche est de préserver les places de chacun et l'ordre de leur reconnaissance mutuelle. C'est pourquoi il introduit un troisième terme, qui n'était pas dans le face à face initial, celui qui aura pour fonction d'interposer une règle commune. C'est lui qui suspend le corps à corps conflictuel, impose l'espace d'une parole et l'écart qui restitue l'altérité. Le rôle du tiers pouvoir consiste à la fois ici à délier et à relier, plaçant chaque homme dans son rapport à autrui entre un point frontière et une ligne tendue, une séparation qui identifie et un partage qui réunit. Il signifie que le conflit ne peut cesser qu'avec le tissage d'un nouveau lien. Pour reprendre la métaphore de Simmel, confronté à la discontinuité de la « porte », « géométrie morte d'une cloison », le tiers doit édifier le « pont », la « possibilité offerte d'un échange durable » qui seul peut instituer le lien [17].

Or nos démocraties transparentes délégitiment les espaces confidentiels où se nouent et se dénouent patiemment les conflits. Qui verra, dans nos sociétés médiatiques, le long et invisible travail de prévention individualisée dans un quartier qui permet d'obtenir une sécurité bien plus sûre et durable ? Comment rendre visibles les mois de préparation qui cachent l'autorisation d'un droit de visite pour un parent séparé de son enfant parce qu'il le maltraitait ? On se plaint que les intervenants en toxicomanie n'apportent aucun chiffre, aucune statistique, et l'on en déduit qu'ils ne font rien. Mais leur travail n'est-il pas validé par la visite d'un ex-toxicomane qui leur annonce un mariage, une naissance ou une insertion professionnelle ? Tout le monde s'accorde pour dire que les sorties « sèches » d'un détenu en fin de peine préparent la récidive. Mais c'est oublier que le pari d'une sortie réussie demande un long travail de préparation, que le choix du bon moment vient après une maturation personnelle qu'il faut savoir valider. Saura-t-on un jour, derrière la sortie d'un détenu à l'essai, le long travail de mûrissement qui l'a rendue possible ? Et qui connaîtra l'accompagnement de l'éducateur et les longs entretiens avec le juge ? Mesure-t-on l'ampleur de la tâche éducative pour des jeunes étrangers sans âge et sans nom, véritables égarés de la mondialisation au cœur de nos villes, ayant perdu toute continuité dans les liens qui les relient aux autres ? Comment remettre du sens à ce qui n'en a plus, si ce n'est en travaillant autant sur l'univers de désolation individuelle que sur l'aptitude des institutions à l'accueillir ?

Gardons-nous d'oublier, dans la justice, la fonction éducative par laquelle cette limite est enseignée. De quoi l'Etat est-il le garant ultime, si ce n'est d'une fonction instituante ? D'un lien qui est le présupposé de tous les autres, le récit référentiel de la filiation. Tout individu, pour acquérir son identité, doit passer d'une relation de soumission *à* la loi à une autonomie de sujet *par* la loi. L'acquisition de l'autonomie suppose une trajectoire du renoncement et l'acceptation d'une limite qui interdit autant qu'elle autorise. Devant le chaos des histoires singulières qui affluent devant elle, la justice ne fait que tendre le miroir de ce récit référentiel. Elle stoppe la logique de l'émancipation démocratique, qui, loin d'égaliser, nivelle les individus et abolit leurs différences. Faute d'une telle limite, l'individu des sociétés démocratiques serait voué à une quête identitaire permanente, à une errance close, à une passion de toute-puissance. Hors de la loi, la quête d'identité devient une question sans autre réponse que le leurre offert par la passion démocratique de l'égalité.

L'homme coupable et la communauté

Garant du sujet de droit, un Etat de justice doit aussi autoriser la réintégration du sujet dans la loi. Dès l'origine, on l'a vu, la justice hérite d'une fonction contradictoire : aider et rééduquer, mais aussi punir et sanctionner. L'Etat providence a permis de donner une forte impulsion à ce projet dans le sens d'une intégration des individus disqualifiés socialement. Mais l'Etat pénal aujourd'hui est prompt à oublier cet héritage. Plus il devient extérieur, plus il fabrique de l'altérité menaçante, et moins le droit est traversé par des moments de moralité. Plus la prison est sollicitée, plus elle a de chances d'ajouter l'indignité à la peine et de répéter la violence qu'elle voulait annuler. Le mouvement de pénalisation, si puissant aujourd'hui, fait oublier sa fonction éducative à la République : à quoi servirait-il de multiplier les interdits si l'on n'enseigne plus la limite ? Sortir de cette impasse suppose de renouer avec la tradition de l'individualisation des peines. La dimension psychique vient, tout au long du XIXe siècle, au premier plan dans l'investigation du juge et la punition du coupable. Les catégories cardinales de faute et de culpabilité, comme la notion de personne forgées par l'Eglise, sont plus que jamais souterrainement présentes. Voilà pourquoi la dimension morale de la peine est probablement la part de notre héritage inquisitorial qu'il faut revisiter.

La peine est une institution qui combine, à l'origine, une violence imposée – le mal subi en rétribution du mal commis –, mais contient aussi une réparation active et volontaire, la *métanoia*. « La peine n'est que l'écorce, le *décor afflictif* à l'intérieur duquel le condamné doit accomplir s'il le veut sa métanoia par des voies qui ne sont pas inéluctablement répressives[18]. » Le sujet doit être présumé capable, quoi qu'il arrive, de se soumettre à une loi qu'il se donne à lui-même. En même temps qu'elle sanctionne l'écart par rapport à la loi, la peine, *pour être juste*, doit contenir une offre sociale de réintégration. Il suffit que dans la dialectique de la faute et du châtiment s'intercale celle du symptôme et du traitement. Le temps du traitement devient une *épreuve morale* sanctionnée par le juge, ce qui n'est pas sans rappeler la juridiction du *for intérieur*[19] : que sont la libération conditionnelle, l'ajournement ou la dispense de peine, sinon la transposition d'une théologie du salut dans le droit pénal moderne ? Leur but est de ménager un temps pour la régénération morale, qui peut seule donner un sens à la peine.

La justice sera sans doute toujours trop proche des individus pour n'aborder la délinquance qu'à partir d'une prédiction des risques ou d'une précipitation à punir. Le visage d'autrui l'assigne à une responsabilité éthique. Voilà pourquoi elle ne pourra voir le jeune délinquant comme un adolescent menaçant, les toxicomanes comme un groupe à risque, ou abandonner le délinquant sexuel à son statut de pervers dangereux. Dès lors qu'elle place l'individu devant elle en position de parole, elle lui ouvre la possibilité d'une prise de distance à l'égard de l'acte commis. Comment vais-je parler de ce que j'ai fait ? Que vont en penser ma femme, mes enfants, mes proches ? Comment mesurer ma dette à l'égard de la victime ? Ainsi s'ouvre un écart entre « je » et « soi », qui détache l'individu du point aveugle où l'a placé son acte pour faire advenir le moment où il doit se juger lui-même. Loin de voir en lui une individualité déterminée par sa souffrance ou par la violence, la justice fait du sujet moral le postulat et la finalité de son action. Mais elle se borne à rappeler les devoirs envers les institutions et à ouvrir des espaces de négociation. Elle ne se penche pas avec amitié ou avec sympathie sur le devenir heureux ou malheureux d'un destin singulier. Son action porte non sur les relations « courtes » d'individu à individu, mais sur les relations « longues » où le rapport à autrui se joue à travers les institutions. Dans l'individu confondu avec son acte, elle ouvre un écart de soi à soi où il est autorisé à renouer avec une part d'humanité commune.

Le beau commentaire par Paul Ricœur de la parabole du bon Samaritain, dans *Le Socius et le Prochain*, rappelle ce rôle instituant du tiers. Devant un homme en danger, le prêtre lévite, l'homme de l'institution ecclésiastique, ne s'arrête même pas, alors que le Samaritain, l'étranger sans histoire ni statut, vient lui porter secours. L'homme de l'institution croit, à tort, pouvoir tourner le dos à toute pitié et se murer dans l'indifférence. Mais, en agissant ainsi, il trahit le sens même de l'institution. Abandonnant tout devoir, il oublie que sa charge ne s'éloigne de la proximité émotionnelle que pour éviter les pièges de la compassion ou de la domination. L'institution ne tourne pas le dos à un acte charitable. Simplement, son rapport à autrui est différent. Sa sollicitude passe par la médiation de la règle commune pour mieux servir la communauté des hommes. Au-delà d'un élan fugitif de compassion, ce qui compte, pour elle, est d'inscrire le rapport moral à autrui dans des institutions qui relient chacun à chacun. « Le sens *final* des institutions, c'est le service rendu, à travers elle, à des personnes[20]. »

Epilogue

Une aventure sans mémoire

Tout porte à croire qu'une recomposition sans précédent de la puissance étatique est en marche en France. Certes, dans l'après-guerre, la volonté d'en finir avec le totalitarisme avait confié aux juges le contrôle de la loi. Mais ce mouvement toucha les nations, au premier chef l'Allemagne, qui voulurent conjurer le spectre de l'Etat criminel. La mutation actuelle qu'inaugure la fin de la guerre froide, postérieurement à la chute du mur de Berlin, affecte tous les pays d'Europe. Pour la première fois, ces pays vivent sans la crainte d'un conflit ou la hantise d'une infiltration idéologique. Le besoin de fédérer les énergies nationales contre un adversaire commun par un pouvoir unitaire fort est moins prégnant. Les vastes délégations de pouvoir consenties par les peuples aux exécutifs nationaux sont partout remises en cause. Pressés par une société plus active et par une démocratie plus constante, ils consentent à mieux distribuer le pouvoir. La guerre avait rendu les Etats susceptibles d'agir, tout en affaiblissant les différenciations internes dans des démocraties qui étaient devenues des

« forces de subversion plus avides de programmes révolutionnaires que de recettes constitutionnelles [1] ». L'après-guerre froide dessine, au contraire, les contours d'une puissante démocratie d'opinion qui rivalise avec le vieil Etat et bouscule toutes les valeurs d'identification où la nation a puisé son sens.

Le mouvement touche la France plus profondément, compte tenu d'un Etat cimenté par une conception unitaire de la souveraineté. La fracture qui traverse la République est avant tout symbolique, car elle ébranle les bases mêmes de la représentation politique qui donne son unité à la collectivité tout entière. Une nouvelle division politique se dessine. Les minorités, l'opinion et les corps intermédiaires sont en quête d'un autre mode de représentation. Que peut répondre un Etat aux composantes unifiées et défensives issues de la nécessité de riposter face à ses ennemis ? Toutes les refondations successives de la République furent indéfiniment puisées dans cette matrice. Toutes procèdent directement du désir de conjurer un péril extérieur. La IIIe République est issue de la guerre de 1870 et des massacres de la Commune, la IVe du naufrage de la Seconde Guerre mondiale, et la Constitution de 1958-1962 naît de la guerre d'Algérie. Fait significatif, l'élection du président de la République, votée par les Français en 1962, est suivie de l'attentat du Petit-Clamart où de Gaulle faillit perdre la vie. Toute la Ve République se joue à cet instant où, comme l'a montré Viansson-Ponté [2], de Gaulle utilise immédiatement l'émotion suscitée par l'attentat pour lancer par référendum l'idée du septennat. Au souverain menacé de mort répond une construction de la souveraineté qui, au-delà de sa personne, donnera à l'exécutif la durée du pouvoir et une légitimité sans rivale. Construite sur ce formidable moment machiavélien, la République sera gouvernante, les élites administratives, les pouvoirs massivement concentrés en un seul point de l'Etat. Rarement une synthèse républicaine aura aussi fortement noué la fiction unitaire de la souveraineté à une tradition de l'Etat administratif, le cumul des pouvoirs à une démocratie à forte tonalité plébiscitaire. Tout se tient. La justice fut construite à l'image de cette puissance sans partage. Le pouvoir principalement pénal qu'y détient le juge n'est que l'image interne à la justice de ce monopole de souveraineté. La matrice de sa puissance n'est pas à chercher ailleurs. Fonctionnarisée et concentrant dans la magistrature ses compétences, la justice est bâtie sur le modèle d'une armée qui dispose du pouvoir de dissuasion.

Nous sommes plongés dans la transition tumultueuse qui accompagne le déclin de cette puissance étatique au contact d'une démocratie d'opinion. Depuis quinze ans, les citoyens, à chaque consultation législative, ont toujours sanctionné le pouvoir en place. Depuis plus de dix ans, la fragmentation de l'exécutif par la cohabitation est un message constant que le peuple adresse aux détenteurs du pouvoir. Nul ne semble vouloir le déchiffrer. On préfère constater, avec une amertume résignée, l'inconstance du peuple français en attendant sa prochaine volte-face. Or il ne s'agit là nullement de l'expression d'un peuple inconstant et versatile. Bien au contraire. Le peuple fragmente le pouvoir dans une période de crise de confiance envers un Etat qui subit le chômage structurel, l'exclusion et l'insécurité. Donnant moins et protégeant si peu, son efficacité est frappée de soupçon et ses erreurs moins pardonnées. Pendant ce temps, la démocratie d'opinion installe durablement dans notre paysage politique un contrôle plus continu à la faveur tant de la libéralisation des médias que d'un populisme croissant.

La coïncidence n'a rien de fortuit. Un vote d'extrême droite unique dans les démocraties occidentales et sans traduction parlementaire réelle prospère en France sur le terreau du chômage et de la décrue idéologique. La France est le seul pays européen – avec l'Autriche – où l'extrême droite dépasse très largement les 10 %. Est-ce surprenant dans un pays où les médiations sociales sont faibles, dès lors que des institutions de base comme la famille et le travail n'encadrent plus les individus à l'échelle de territoires entiers ? N'est-ce pas l'effet d'une représentation politique impuissante à enrayer l'incapacité des institutions à lier chacun à un destin collectif ? Tout en bas, le désarroi qui laisse les individus orphelins d'un Etat tutélaire provoque explosions d'individualisme, bouffées de populisme, effervescences sociales. Nul élan collectif, aucune perspective de progrès ne soutient plus l'indétermination des parcours individuels dans les franges de nos sociétés démocratiques. Les idées d'égalité et les droits de l'homme offrent un miroir désenchanté à l'illimité du désir. La crise de décembre 1995 est bien en ce sens un Mai 68 à l'envers : ce qui compte, c'est bien une quête de statut dans une société qui demande au politique de garantir des repères collectifs qui s'effritent. La fragilité de la société française est grande, tant l'Etat a, de longue date, capté par la multitude de ses guichets les problèmes non résolus d'une société exsangue. Il laisse une société où les médiations sont atrophiées, les corps intermédiaires taxés de corporatisme, la faculté de délibération rongée par les dérives de la médiatisation.

On mesure donc l'ampleur du mouvement à l'œuvre derrière l'émergence d'une justice devenue à la fois un tiers pouvoir, une puissance locale et un porte-parole de l'opinion. Face à une institution en plein renouveau, le fantasme d'un gouvernement des juges est prompt à resurgir. Or, la République n'ignore qu'apparemment la justice. Au pénal, elle lui a reconnu de longue date une véritable tutelle sur les âmes et sur les corps des individus et elle a nourri une justice administrative digne des pays de *common law*. Mais cette croissance s'est réalisée jusqu'à présent à l'intérieur de l'exécutif, qui tenait les carrières et verrouillait les poursuites. Aujourd'hui, les effets combinés d'une administration aux contrôles défaillants et d'une magistrature plus incisive changent la donne. Aiguillonné par une société plus active, le pouvoir du juge est ouvert à la visibilité démocratique. La leçon est dure pour l'Etat. Il découvre qu'il ne peut plus reproduire, sans risquer le désaveu, un système de régulation où acteurs et contrôleurs se confondent. L'évolution de la démocratie d'opinion ne lui en laisse guère le choix et pointe impitoyablement les privilèges et les fautes. L'exécutif a accumulé trop de compétences contradictoires pour gérer une société fragmentée en sphères autonomes. Sa tutelle sur la société se renverse. Décentralisation, politiques pénales, alliances avec l'opinion, gestion des carrières : dans tous les cas, la justice se décline aujourd'hui en dehors d'une subordination à l'exécutif. Qu'on le veuille ou non, qu'on le déplore ou qu'on l'encense, le pouvoir du juge s'affirme pour la première fois dans la République. Il s'extrait d'un exécutif affaibli et devient l'instance de l'Etat impartial nécessaire pour que la démocratie se perpétue.

Avons-nous suffisamment pris la mesure de cet ébranlement imposé à l'Etat ? Portée par ce dernier, la place nouvelle de la justice révèle que notre société cherche une autre manière d'être gouvernée. Or, jusqu'à une date récente, nous agissions moins par conviction que par réaction aux « affaires », non par conscience d'un redéploiement du politique, mais par souci de modernisation d'une Administration défectueuse. A force de prendre la justice pour un « service public » de l'Etat, nous l'avons vouée à une poussière de contentieux sans enjeux politiques ni économiques. Nous avons longtemps pris sa revendication d'indépendance comme une protestation puérile ou comme un relent de corporatisme. Notre double erreur fut de rendre conflictuelle la relation entre justice et politique et de répondre sur le terrain de la modernisation d'un service public. Rompant avec cette tendance, il faut saluer l'élan politique donné aujourd'hui à une réforme de fond. Mais l'épaisseur anthropologique d'un Etat administratif pèse encore lourd. Les conflits sous-jacents restent nombreux. Comment transformer en si peu de temps une administration, somme toute modeste, en un tiers pouvoir, figure d'un Etat impartial ? Est-ce par une simple réforme des textes que l'on pourra purement et simplement inverser la place de la justice dans l'Etat, qui passerait ainsi d'une autorité surveillée à un pouvoir de surplomb ? Comment comprendre la progression du Conseil constitutionnel ces dernières décennies et, aujourd'hui, de la Cour des comptes et surtout de la justice pénale ? Faut-il craindre cette division inédite qui traverse l'Etat ? Ce dernier, en s'armant contre lui-même, ne s'affaiblit-il pas dangereusement ? Les passions politiques compliquent d'une composante émotionnelle cette aventure inédite. Comment l'Etat, qui s'est longtemps appuyé sur un exécutif disposant de la justice – et plus que jamais sous la Ve République –, peut-il vivre une telle fracture ? Souhaitable dans l'absolu, ce juge, aujourd'hui aimé des médias, n'a jamais eu ni existence politique, ni rayonnement culturel, ni faveur populaire. C'est sans le juge et, quand il le faut contre lui, que l'Administration a bâti l'Etat. Tous appellent vertueusement une justice qui « passe » mais, dès que l'on en mesure les enjeux et l'ampleur de son pouvoir, le vieil antijuridisme resurgit comme si, entre l'héritage de la représentation absolue et la hantise d'une démocratie directe, la vieille querelle de légitimité était prompte à resurgir.

Voici qu'une magistrature construite sur un principe hiérarchique, essentiellement pénale et, de plus, mal connue de l'opinion s'impose à la faveur d'une crise de l'Etat perdant ses capacités de régulations internes, doutant de son éthique et subissant le contrôle impitoyable de la démocratie d'opinion. Est-elle prête à exercer ce pouvoir toujours refusé par notre culture républicaine ? Sans doute la configuration politique rend-elle pensable pour la première fois cette éventualité. Mais il y faudra une volonté sans équivoque : la redistribution du pouvoir pénal, une redéfinition de sa responsabilité, la régulation des médias. Nous sommes probablement à un moment analogue à celui où la démocratie française renonça, entre 1958 et 1962, au Parlement comme expression de la volonté générale, au profit de l'exécutif. Aujourd'hui, les catégories du politique se déploient à nouveau. « Le roi, disait Alain, se déguise une fois tous les quatre ans ; il entend alors autre chose que des acclamations et des flatteries [...]. Où est donc la démocratie, sinon dans ce troisième pouvoir que la science politique n'a point défini et que j'appelle le Contrôleur[3] ? » Le pouvoir du juge marque une maturation de la démocratie qui dispose, avec une instance chargée d'appliquer les droits individuels, d'une présence instituée du peuple dans l'édifice des pouvoirs. Alors que l'exécutif est voué à agir et à prévoir, la justice est l'instance qui, de l'extérieur, inscrit cette action dans une référence aux principes démocratiques. Elle ne veut nullement affaiblir l'Etat, mais aspire à mieux distribuer son pouvoir et à l'orienter par ces valeurs.

Que réserve l'avenir ? Une chose est sûre, le tiers pouvoir de la justice ne semble décidément plus voué à demeurer une curiosité pour historiens. Longtemps il fut pour nous comme ce personnage de Magritte face à un miroir qui ne lui renvoyait que l'image de son dos ou de sa nuque. Aujourd'hui le miroir se brise. On découvre son rôle de médiateur symbolique entre le collectif et l'individuel, le peuple et ses représentants, le passé et le futur. Le fait qu'il étende désormais son action à la sphère politique ne fait que rendre visible ce travail de liaison et inéluctable sa reconnaissance. Au moment de conclure ce livre, on songe à la passion de la liberté qui anima Nietzsche : « Tu te crois libre ? Ce que je veux connaître, c'est ta pensée souveraine. Je ne tiens pas à apprendre quel est le joug que tu as secoué. Libre de quoi ? Peu importe à Zarathoustra ? Mais que ton regard me dise clairement *pour quelle fin* tu es libre [4]. » Inutile de se lamenter sur un passé d'indépendance niée ou de vivre cette justice naissante dans une opposition stérile au politique. La vieille histoire d'un pouvoir refusé est terminée. La question de sa finalité est clairement posée. Le juge découvre sa vraie place, celle d'un référent commun pour les acteurs de la démocratie. Lui, l'infatigable lieur invisible de la société, que fera-t-il de sa liberté nouvelle ? Servira-t-il une société fragmentée où coexistent des intérêts privés dont il sera l'arbitre ? Choisira-t-il, pour flatter la démocratie d'opinion qui lui a donné naissance, la voie d'une gestion pénale des inquiétudes collectives ? Ou sera-t-il, au contraire, une institution indispensable à un pays où la crise de la représentation résulte, depuis deux siècles, de la faiblesse des médiations entre l'Etat et l'individu ? Saura-t-il devenir une instance représentative, capable de tenir sa place et de rendre compte de son action ? Notre tâche est de bien placer ce pouvoir, aux traits encore indistincts, dans le nouvel espace politique. Cette œuvre ne se prévaut d'aucun testament. La page est blanche. Tout est à inventer : pouvoir, légitimité et responsabilité. Le basculement est si grand qu'il peut pétrifier ceux qui en héritent ou fasciner les apprentis sorciers. Face au grand saut, on découvre vite qu'il n'y a pas d'alternative, car c'est la voie d'une autre communauté politique qui s'ouvre. L'équilibre de la démocratie de demain dépend de notre aptitude à traverser ce moment fondateur. Si tel est le cas, la période qui s'annonce est, au sens fort, un véritable commencement.

Notes

Prologue

1. Voir Odile Rudelle, « Le Légicentrisme républicain », in *Le Siècle de l'avènement républicain*, F. Furet et M. Ozouf (dir.), Gallimard-NRF, 1993, p. 460.

2. C'est un courant minoritaire de la pensée révolutionnaire des années 1789-1799 exhumé par Marcel Gauchet dans *La Révolution des pouvoirs. La souveraineté, le peuple et la représentation 1789-1799*, Gallimard-NRF, 1995.

3. Marcel Gauchet, *op. cit.*, p. 275.

Chapitre I
Les leçons de l'après-guerre froide

1. John Henry Merryman, *The Civil Law Tradition*, Stanford, California, 1985, p. 38.

2. Voir Reinhart Koselleck, *Le Règne de la critique*, Ed. de Minuit, 1979.

3. Olivier Duhamel, *Les Démocraties*, Le Seuil, coll. « Points-Essais », 1993.

4. Voir Olivier Mongin, *L'après 1989*, Hachette Littératures, 1998, et Nicolas Baverez, *Les Trente Piteuses*, Flammarion, 1997, p. 116 *sq.*

5. Paul Ricœur, *Du texte à l'action. Essai d'herméneutique II*, Le Seuil, 1986, p. 404.

6. Dans le cas de l'article 89 de la Constitution de 1958.

7. Voir André-Jean Arnaud, *Pour une pensée juridique européenne*, PUF, coll. « Les voies du droit », 1991.

8. Pierre Pescatore, « Une révolution juridique. Le rôle de la Cour de justice européenne », entretien avec Hugues Calvet, *Commentaire*, n° 59, automne 1992.

9. Les GAL sont les « groupes antiterroristes de libération », responsables de plusieurs assassinats dans les milieux séparatistes basques au cours des années 1980. Felipe González fut soupçonné d'en être complice en 1996. Au même moment, plusieurs membres de son parti – le PSOE – furent accusés d'avoir organisé un système de financement illicite (« affaire Filesa »).

10. Carlo Guinzburg, *Le Juge et l'historien, Considération en marge du procès Sofri*, Verdier-Histoire, 1997.

11. Sur la distinction entre magistrature de type « bureaucratique », dominée par la carrière du juge, et « professionnelle », où les références du corps sont situées hors de la carrière, voir Carlo Guarnieri et Patrizia Pederzoli, *La Puissance de juger*, Michalon, 1995, p. 66 *sq*.

12. *Ibid*., p. 180.

13. Comme le montre l'engagement de Giovanni Falcone contre la Mafia, voir Marcelle Padovani et Giovanni Falcone, *Cosa nostra, les juges et les hommes d'honneur*, Austral, 1991.

14. Voir sur ces points M. Delmas-Marty (dir.), *Quelle politique pénale pour l'Europe ?*, Economica, 1993.

15. Didier Bigo, *Polices en réseaux, L'expérience européenne*, Presses FNSP, 1996, p. 18.

16. Texte de l'ordonnance du 2 novembre 1945 selon lequel le juge doit se prononcer sur la régularité de la rétention d'un étranger sans papiers, placé dans

un centre d'internement administratif en attendant d'être reconduit à la frontière. La confirmation de la rétention est en pratique très fréquente.

Chapitre II

Quelles frontières entre justice et politique ?

1. Voir Jean-Noël Jeanneney, *L'Argent caché. Milieux d'affaires et pouvoirs politiques dans la France du XXe siècle*, 1981, Le Seuil, coll. « Points », p. 73 *sq*. C'est moi qui souligne.

2. Victor Hugo, *Les Années funestes*, 1898, XLV.

3. Claude Nicolet, *L'Idée républicaine en France*, Gallimard, coll. « TEL », 1994, p. 384.

4. Popinot, marginalisé par ses pairs et dépossédé de ses dossiers les plus sensibles, vivra sa vie entière auprès des pauvres gens *(L'Interdiction)* alors que Camusot, habile dans l'art de marchander ses complaisances, aura droit, en contrepartie, à une carrière avantageuse *(Splendeurs et misères des courtisanes)*.

5. On distingue classiquement deux types de juridictions chargées, après avoir été saisies, d'*appliquer la loi* aux litiges. L'*ordre judiciaire*, qui comprend environ 6 200 magistrats, est composé de juges du siège, qui rendent les jugements, et de membres du ministère public (ou parquet), corps hiérarchisé qui exerce les poursuites dans le cadre des directives du ministère de la Justice. Membres du parquet et du siège appartiennent au même corps, et sont formés dans la même école (Ecole nationale de la magistrature). L'*ordre administratif*, dominé par le Conseil d'Etat, tranche les litiges entre l'Etat et les particuliers et comporte des juges administratifs recrutés le plus souvent par la voie de l'ENA. En l'absence de ministère public, le commissaire du gouvernement est un juge

administratif dont les « conclusions » jouent un rôle déterminant dans l'évolution du droit public. Désormais, toutes ces juridictions sont soumises à un droit infiniment plus vaste que la loi. Le Conseil constitutionnel, en contrôlant *ab initio* la production législative au moyen de principes fondamentaux, donne des directives d'interprétation appliquées par la justice et l'Administration. Les conventions internationales s'appliquent directement par le juge aux litiges, fût-ce contre la loi. Aujourd'hui, une entreprise peut saisir la Cour de justice de Luxembourg pour faire invalider une loi au regard du droit communautaire. Depuis 1981, les citoyens peuvent, une fois épuisés les recours internes, transmettre leur affaire à la Cour européenne des droits de l'homme. On comprend que la vieille tradition positiviste s'essouffle au contact d'un droit voué à interprétation constante. La culture des juges s'est ainsi radicalement détachée de la référence à la légalité, seul principe de justification dans la République. Voir Loïc Cadiet, *Découvrir la justice*, Dalloz, 1997.

6. Voir Michel Debré, *Trois Républiques pour la France*, A. Michel, 1988, p. 335.

7. A la suite de l'arrêt Canal, une réforme de 1963 oblige les membres des formations de jugement à exercer des fonctions de conseil du gouvernement afin d'être plus proches des « réalités » de l'Administration. Voir Alain Bancaud, *La Haute Magistrature judiciaire entre politique et sacerdoce*, LGDJ, 1993, p. 190.

8. Comme l'avait vu Jean Rivero, « Le juge administratif, un juge qui gouverne ? », Dalloz, 1951.

9. La métamorphose s'est faite en deux temps. En 1971, à la demande du président du Sénat, le Conseil décide d'utiliser la Constitution, les préambules et la Déclaration des droits de l'homme (« le bloc de constitutionnalité ») pour évaluer la constitutionna-

lité des lois. En 1974, grâce à une réforme initiée par Valéry Giscard d'Estaing, 60 députés ou 60 sénateurs peuvent désormais le saisir.

10. François Furet, « Chronique d'une décomposition », *Le Débat*, janvier-février 1995. Voir aussi Laurence Engel, *François Mitterrand, le fil d'Ariane*, Michalon, 1995.

11. Cette réforme impose l'« avis conforme » pour les nominations des juges (avis simple pour le parquet) d'un CSM désormais composé, pour moitié, de magistrats élus par leurs pairs.

12. Cité par Dominique Rousseau, *Sur le Conseil constitutionnel*, Descartes et Cie, 1997, p. 69. « En vérité, écrit au même moment Robert Badinter, l'impatience qui saisit toute majorité politique face au juge constitutionnel est celle de tout pouvoir face à un contre-pouvoir », *Le Monde*, 23 novembre 1993.

13. Rompant avec les pratiques antérieures, en 1996, l'exécutif est passé outre dans 46 % des cas aux propositions de nomination du CSM. Voir Conseil supérieur de la magistrature, *Rapport annuel, 1996.*

14. Michel Foucault, *Surveiller et punir*, Gallimard, 1976, p. 287 *sq.* Voir Pierre Lascoumes, *Elites irrégulières, Essai sur la délinquance des affaires*, Gallimard, 1997.

15. Comme le disait le préfet Paul Bernard dans un colloque sur « La responsabilité des fonctionnaires », Cahiers de la fonction publique, Berger-Levraut, 1996, p. 73.

16. Blandine Kriegel, *Propos sur la démocratie*, Descartes et Cie, 1994, p. 68.

17. Jean-Denis Bredin, « Le mépris du droit », *Le Monde*, 22 août 1994.

18. Robert Jacob, « La naissance de la littérature juridique en langue populaire en France et en Allemagne », *Droits*, 20, 1994.

19. Jean Giraudoux, *La guerre de Troie n'aura pas lieu*, acte II, scène V.

20. François Bloch-Lainé, *Profession : fonctionnaire*, Le Seuil, 1976, p. 237 et sq.

21. Yves Mény, *La Corruption de la République*, Fayard, 1992.

22. Paul Ricœur, *Le Juste*, Ed. Esprit, 1995, p. 205.

23. Voir Patrice Duran et J.-C. Thoening, « L'Etat et la gestion publique territoriale », *Revue française de science politique*, août 1996.

24. Extraits cités par *Le Monde* du 18 novembre 1995. C'est moi qui souligne.

25. Conseil d'Etat, 25 janvier 1991, Brasseur, Rec. p. 50.

26. Yves Mény, « France, fin de l'éthique républicaine », in *Démocratie et corruption en Europe*, La Découverte, 1995, p. 25.

27. Luc Rouban, *Le Pouvoir anonyme*, Presses FNSP, 1994, p. 201. Voir aussi Ezra Suleiman, *Les Ressorts cachés de la réussite française*, Le Seuil, 1995.

28. Voir Damien Roustelle, *Les Journalistes et Pierre Botton*, Editions lyonnaises d'art et d'histoire, 1996.

29. E. Lambert, *Le Gouvernement des juges et la lutte contre la législation sociale aux Etats-Unis*, Paris, 1921.

30. Philippe Raynaud, « Le juge, la politique et la philosophie », in *Situations de la démocratie*, Gallimard-Le Seuil, 1995, p. 120, souligné par l'auteur.

31. J.-C. Bouvier, P. Jaquin, A. Vogelweith, *Les Affaires ou comment s'en débarrasser*, La Découverte, 1997, p. 248.

32. Tel était le bilan tiré par George Vedel de son mandat : « On détruit peu à peu dans son essence un trait fondamental de la France dont on aimait dire qu'elle avait survécu à ses vicissitudes constitutionnelles grâce à la solidité de son Administration [...]. Le plus grave est que le public ne sait plus lui-même *où*

est l'Etat s'il sait où est le pouvoir. » (« Neuf ans au Conseil constitutionnel », *Le Débat*, n° 55, mai-août 1989, p. 55. C'est moi qui souligne.)

Chapitre III
Le tournant de la pénalisation

1. Paul Valadier, *Machiavel et la fragilité du politique*, Le Seuil, 1996, p. 81.

2. Pierre Manent, *Histoire intellectuelle du libéralisme*, Hachette, coll. « Pluriel », 1987, p. 50.

3. Voir Norbert Elias, *La Société de cour*, Champs-Flammarion, 1985.

4. François Tricaud, *L'Accusation, figure de l'agression éthique*, Dalloz, 1971, p. 104. C'est moi qui souligne.

5. Voir Michel Foucault, *Dits et écrits*, t. II, « La vérité et les formes juridiques » (texte de 1973), p. 580.

6. Voir *La Mise en état des affaires pénales*, La Documentation française, 1990.

7. Ainsi, en *common law*, le parquet n'existe pas et la poursuite est exercée par la police. A l'audience, les avocats de l'accusation et de la défense administrent seuls la preuve devant un juge neutre. Voir M. Delmas-Marty (dir.), *Procédures pénales d'Europe*, PUF, 1995.

8. Blandine Kriegel, « Le parquet dans la construction de l'Etat », in *Le Parquet dans la République*, ENM, 1995.

9. Marie-Angèle Hermitte, *Le Sang et le droit, essai sur la transfusion sanguine*, Le Seuil, 1996, p. 351.

10. *Libération* du 8 février 1995.

11. Voir Mona Ozouf, *L'Homme régénéré*, Gallimard, 1989, pp. 116-157.

12. Pierre Rosanvallon, *L'Etat en France de 1789 à nos jours*, Le Seuil, 1990, p. 124.

13. Mona Ozouf, *op. cit.*, p. 120.

14. Philippe Raynaud, « L'Education spécialisée en France. 1882-1982 », *Esprit*, juillet-août 1982.

15. Hannah Arendt, *Le Système totalitaire*, Le Seuil, coll. « Points », p. 36.

16. De 1975 à 1995, le taux des crimes et délits contre les personnes a quasi doublé. Les menaces de mort et les viols ont presque triplé dans la même période. Sur ces données et leur interprétation, voir Hugues Lagrange, *La Civilité à l'épreuve*, PUF, 1995, p. 174.

17. Un bon exemple de cette conception est en Angleterre le *neightbourhood watch* (surveillance de voisinage), où les résidents doivent surveiller activement leur quartier et signaler à la police tout agissement suspect.

18. Secrétariat d'Etat au Plan, *Entrer dans le XXIe siècle, Essai sur l'identité française*, La Découverte, 1990, p. 244.

19. Selon cette pratique : 1. toute affaire élucidée doit faire l'objet d'un compte rendu immédiat par la police au parquet ; 2. celui-ci doit déclencher son traitement immédiat. Les voies rapides représentent 57 % des procédures pénales en 1995 contre 42 % en 1992. Rapport du Sénat (Ch. Jolibois et P. Fauchon), *Quels moyens pour la justice ?*, n° 49, 1996, p. 27.

20. Bruno Aubusson de Carvalay et Marie-Sylvie Huré, *Arrestations, classement, déferrements, jugements*, CESDIP, 1995.

21. Paul Ricœur, *Histoire et vérité*, Le Seuil, 1955, p. 260 *sq.*

22. Tel était pour Benjamin Constant le dilemme de la justice : « Si la précipitation n'est pas dangereuse, les lenteurs sont superflues ; si les lenteurs ne sont pas superflues, la précipitation est dangereuse. » (« Principes de politique » in *Ecrits politiques*, Gallimard, coll. « Folio », p. 499.)

Chapitre IV
Une nouvelle demande de justice

1. Lawrence M. Friedman, in *Accès à la justice et Etat providence*, M. Capelletti (dir.), 1979, p. 257. Souligné par l'auteur.

2. Il y a environ 6 millions de décisions rendues en 1962 pour 10,5 millions en 1972 et près de 14 millions en 1993. (Jean Raynaud, *Rapport sur l'évaluation de la situation de la France*, La Documentation française, 1993, p. 143.)

3. Ces données, comme celles de ce chapitre, sont extraites du rapport du Sénat précité, *Quels moyens pour la justice ?*

4. Jean Carbonnier, *Droit et passion du droit sous la Ve République*, Flammarion, 1996, p. 12.

5. On mesure l'impact sur une frange des classes moyennes de l'accès à la justice si l'on songe que l'aide juridique accordée aux plaideurs est totale (pour un salaire de moins de 6 000 F par mois) ou partielle (salaire de 8 500 F par mois). A titre de comparaison, les montants sont respectivement de 2 000 et de 6 000 F en Angleterre. Voir*Rapport d'information de la commission des lois sur le fonctionnement de la justice civile en Angleterre*, Sénat 1997.

6. *Acces to Justice, Final Report to the Lord Chancelor on the Civil Justice System in England and Wales*, Londres, HSMO, 1996.

7. Françoise Tulkens in *Procédures pénales d'Europe*, M. Delmas-Marty (dir.) PUF, 1995, p. 581.

8. Sur la déformalisation, voir Jean de Munck et Marie Verhoeven (dir.), *Les Mutations du rapport à la norme, un changement dans la modernité ?*, De Boeck-Université, Bruxelles, 1997.

9. Voir Jean-Pierre Bonafé-Schmitt, *La Médiation, une justice douce*, Syros-Alternatives, 1992.

10. Ces groupes revendicatifs représenteraient de 9 à 13 % des 750 000 associations répertoriées en France. Voir C. Dabitch, « Une autre manière de faire de la politique », *Le Monde diplomatique*, juin 1997.

11. Le débat entre Michel Prieur et le président Nicolay est évoqué par Henri Isaia, *Les Cours administratives d'appel*, Economica, 1993, p. 260 *sq.*

12. Dominique Bourg, « Modernité et appartenance à la nature », *Esprit*, juin 1996.

13. Il est aujourd'hui *déduit* par le Conseil constitutionnel du préambule de la Constitution de 1946 : « La Nation assure à l'individu et à sa famille les conditions nécessaires à leur développement. Elle garantit à tous [...] la sécurité matérielle et [...] le droit d'obtenir de la collectivité des moyens convenables d'existence. »

14. « La possibilité pour toutes personne de disposer d'un logement décent est un *objectif de valeur constitutionnelle* », Conseil constitutionnel, décision du 19 janvier 1995, *J. O.* du 21 janvier 1995.

15. « Une passade de jurisprudence : le phénomène Magnaud » est le titre éloquent d'un chapitre du livre d'un théoricien du droit, François Gény (*Méthode d'interprétation et source du droit positif*, LGDJ, 1919).

16. Howard Becker, *Outsiders, Etude de sociologie de la déviance*, 1963, Metaillé, éd. 1985.

17. Alain Supiot, *Critique du droit du travail*, PUF, coll. « Les voies du droit », 1994, p. 268. Voir aussi Ph. Waquet, « Le juge et l'entreprise », *Droit social*, n° 5, mai 1996.

18. *Libération* du 26 février 1992.

19. Décision du Conseil constitutionnel du 23 août 1985 à propos du statut de la Nouvelle-Calédonie.

20. Charles-Albert Morand, « La contractualisation

du droit dans l'Etat providence », in *Normes juridiques et régulations sociales*, LGDJ, 1991, p. 153.

21. Pierre-Patrick Kaltenbach, « La dérive associative », *Le Débat*, septembre-octobre 1996, p. 106 *sq.*

22. Actuellement, 75 % de l'activité de la section financière du parquet de Paris est nourrie par les plaintes avec constitution de partie civile contre 25 % il y a dix ans.

23. Voir Jürgen Habermas, *L'Espace public*, Payot, 1968.

24. Pierre Rosanvallon, « Malaise dans la représentation », in *La République du centre* (avec F. Furet et J. Julliard), Hachette, coll. « Pluriel », 1988, p. 146.

Chapitre V
Les équivoques de la démocratie d'opinion

1. Sur l'affaire Villemin, voir Laurence Lacour, *Le Bûcher des innocents*, Plon, 1993.

2. Voir Claude Lefort, « L'Ere de l'idéologie », *Encyclopaedia Universalis*, 1984.

3. Voir Pierre Birnbaum, *Le Peuple et les gros, Histoire d'un mythe*, Hachette, coll. « Pluriel », 1989.

4. La recette est la suivante : « Première étape, le coup de téléphone à la personne intéressée. – Bonjour, voilà, je vous appelle à propos de votre appartement de président de Conseil général. On m'a dit que sa rénovation coûte 2,5 millions de francs. Est-il exact que cela vous a été offert par le Conseil général ? » Si la réponse se fait attendre, poser la même question par fax, puis par lettre recommandée. Rester poli... Si la réponse ne vient pas ou ne convient pas, écrire au parquet de votre ville, toujours en recommandé. Joindre un dossier clair et précis. Si le parquet ne réagit pas, alerter le parquet général. Faites des

copies de tous vos courriers. Si rien ne bouge contactez la presse... » Denis Robert, *Pendant les « affaires », les affaires continuent...*, Stock, 1996, p. 201.

5. *Ibid*,. p. 35.

6. Denis Robert, *La Justice ou le chaos*, Stock, 1996. Entretien avec B. Dejemeppe.

7. Dominique Wolton, *Éloge de l'espace public, une théorie critique de la télévision*, Champs-Flammarion, 1990, p. 208-209.

8. *Le Gaulois*, 7 avril 1899, cité par Jean-Pierre Royer, *Histoire de la justice en France*, PUF, 1995, p. 651.

9. Voir, sur ce point, la présentation par Eric Zemmour des relations d'Eva Joly, juge d'instruction, et de Loïc Le Floch-Prigent, alors P-DG d'Elf Aquitaine : « Pourquoi me haïssez-vous autant ? » lui aurait-il dit, lors d'un interrogatoire. « Il ressentait physiquement l'hostilité de son juge. Au cours de la confrontation avec l'autre grand accusé, Maurice Biderman, il avait distingué sans mal la différence de traitement. *C'est ainsi : Eva aime bien Maurice* ». E. Zemmour, *Le Coup d'Etat des juges*, Grasset, 1997, p. 22.

10. François Terré, « Indépendance de la justice ou corporatisme judiciaire », dossier du *Figaro Magazine* « Justice pour la justice » des 21 et 27 juin 1997.

11. Alain Minc, *L'Ivresse démocratique*, Gallimard, 1994, p. 79.

12. Patrice de Charrette, « Le juge, ennemi intérieur », *Le Monde*, 23 mars 1996.

13. Voir « L'affaire Emmanuelli : douleurs et aveuglements », Daniel Soulez Larivière, *Libération*, 3 janvier 1998. C'est moi qui souligne.

14. François Furet, *Penser la révolution française*, Gallimard, coll. « Folio », 1978, p. 92.

15. Sarah Mazah, *Vies privées, affaires publiques. Les*

causes célèbres de la France révolutionnaire, Fayard, 1996, p. 12.

16. Michel Foucault, *Dits et écrits*, Gallimard, 1994, t. II, p. 609.

17. Dans l'émission « Arrêts sur images » diffusée par la Cinquième.

18. Voir Dominique Rousseau (dir.), *La Démocratie continue*, LGDJ, 1995.

19. Voir Alain-Gérard Slama, *La Régression démocratique*, Fayard, 1994, p. 182.

20. Marie-Angèle Hermitte, *Le Sang et le droit*, *op. cit.*, p. 437.

21. Bernard Manin, *Principes du gouvernement représentatif*, Calmann-Lévy, 1995, p. 301.

22. Voir sur ce point, Marcel Gauchet, « La métamorphose actuelle des pouvoirs », *Pouvoir locaux*, novembre 1995.

23. L'appel de Genève (1996), lancé à l'initiative de sept magistrats européens (signé par quatre cents d'entre eux), revendique un espace judiciaire européen apte à lutter contre la corruption internationale. L'appel des 103, une année plus tard, lancé à l'initiative de magistrats rejoints par de nombreuses associations, propose d'engager une réflexion sur les mœurs démocratiques. Ajoutons le groupe Hamourrabi, qui réfléchit notamment aux enjeux de la corruption politique, l'Association des magistrats instructeurs (AFMI), interlocuteurs obligés pour toute réforme pénale, ou encore la revue *Mélampous*, publiée à l'initiative des magistrats de la jeunesse ou la commission Tiphaon, qui propose une réforme audacieuse du divorce...

24. Lucien Karpik, « L'avancée politique des juges », *Le Débat*, novembre-décembre 1997, pp. 90-107. C'est moi qui souligne. En Belgique, la commission d'enquête parlementaire sur l'affaire Dutroux a

demandé au gouvernement la démission du procureur de Bruxelles. Voir Christine Matray, *Le Chagrin des juges*, Complexe, 1997.

Chapitre VI

Qu'est-ce que le tiers pouvoir ?

1. Sur ce point, voir Laurent Cohen-Tanugi, *La Métamorphose de la démocratie*, Odile Jacob, 1989, et Pierre Pescatore, *op. cit.*

2. On trouve la notion de pouvoir juridictionnel chez Maurice Duverger (*Le Système politique français*, PUF, 1996) et Thierry Renoux (*Code constitutionnel*, Dalloz, 1995).

3. A. Hamilton, *Le Fédéraliste*, n° 78 (1787), trad. André Tunc, Economica, 1988, pp. 645-646. Souligné par l'auteur.

4. Un juge ne peut trancher un litige qu'à la demande et dans la limite de la demande des parties. « Vertus passives » et « limites processuelles » sont inhérentes à son intervention. Voir Mauro Cappelletti, *Le Pouvoir des juges*, Economica, 1990, p. 69 *sq.*

5. L'argumentation fait bien apparaître la volonté de faire jouer l'arbitrage du droit : « Aux termes de l'enquête et *à la lumière de la doctrine et de la jurisprudence*, il apparaît que les éléments constitutifs du délit de prise illégale d'intérêt sont suffisamment caractérisés ; mais, se fondant sur les pouvoirs qu'il tient de l'article 40 du Code de procédure pénale, le procureur a décidé de prendre une décision de classement sans suite sous condition. » (Communiqué du 11 octobre 1996. Je souligne.)

6. Georges Vedel, « Le hasard et la nécessité », *Pouvoirs*, n° 50, 1989, p. 27. C'est moi qui souligne.

7. Jean-Jacques Rousseau, *Le Contrat social*, livre IV, chap. v.

8. Mauro Cappelletti, *op. cit.*, p. 273.

9. Le début de l'appel de Genève l'évoque explicitement : « Nous souhaitons au nom du principe d'égalité devant la loi [...]. »

10. Claude Lefort, « Droits de l'homme et Etat providence », in *Essais politiques*, Le Seuil, 1986, p. 43. Voir aussi *L'Invention du politique*, Fayard, 1994, p. 45 *sq*.

11. Paul Ricœur, *Histoire et vérité*, *op. cit.*, p. 268. Souligné par l'auteur.

12. Pierre Legendre, *Les Enfants du texte*, Fayard, 1992, p. 360.

13. Livre longtemps confidentiel qui ne sera publié qu'en 1981 chez Gallimard bien après la mort de Kojève, survenue en 1968.

14. La trajectoire d'Henri Nallet, qui soutient la thèse de l'indépendance du parquet, après avoir été l'homme qui avait ordonné de classer l'affaire Urba, pèse lourd dans ce débat. Voir l'interview d'Anne Chemin, *Le Monde*, 16 janvier 1998.

15. La fin de la justice « retenue », qui marque la naissance du Conseil d'Etat comme juridiction à part entière date d'un arrêt de 1889. Dès cet instant, le juge de droit commun ne fut plus le ministre, mais le juge administratif (Conseil d'Etat, 13 décembre 1889, Cadot).

16. Extrait du texte de la mission assignée par le président de la République au premier président de la Cour de cassation, Pierre Truche. *Rapport de la commission de réflexion sur la justice*, La Documentation française, 1997.

17. Earl Warren, nommé par le républicain Eisenhower en 1953, sera l'artisan d'une politique des plus libérales qui soient, et Warren Burger, nommé par

Nixon, présidera la décision du 24 juillet 1974 *US Vs. Nixon*, rendue à l'unanimité.

18. Voir Mauro Cappelletti, « Nécessité et légitimité de la justice constitutionnelle », in *Cours constitutionnelles européennes et droits fondamentaux*, coll. « Economica », 1982.

19. Paul Ricœur, *Histoire et vérité*, *op. cit.*, p. 249.

20. CEDH, Soering c/RU, 7 juillet 1989.

21. C'est l'article 3 de la Convention européenne des droits de l'homme : « Nul ne peut être soumis à la torture ni à des peines ou traitements inhumains et dégradants. »

22. Salvatore Senese, « Quelle légitimité pour les juges », in Jean-Pierre Royer (dir.), *Etre juge demain*, Presses universitaires de Lille, 1983, p. 359.

23. A. Kojève, *op. cit.*, p. 206.

24. L'expression est de Georges Lavau (« Le juge et le pouvoir politique », in *La Justice*, PUF, 1961, p. 92), qui évoque la figure des juges d'Israël comme des « prophètes postérieurs », gardiens des traditions qui éclairent la marche en avant.

25. Le début du préambule de la Déclaration de 1789 est significatif : « Considérant que l'ignorance, l'*oubli* ou le mépris des droits de l'homme sont les seules causes des malheurs publics et de la corruption des gouvernants, ont résolu d'exposer dans une déclaration solennelle les droits naturels inaliénables et sacrés afin que cette déclaration *constamment présente* à tous les membres du corps social *leur rappelle sans cesse* leurs droits et leurs devoirs. » C'est moi qui souligne.

26. Voir le commentaire de Lucien Skubla sur la philosophie politique de Jean-Jacques Rousseau, « Est-il possible de mettre la loi au-dessus de l'homme ? », in *Introduction aux sciences sociales*, Jean-Pierre Dupuy (dir.), Ellipse, 1992, pp. 105-143.

Chapitre VII
Un pouvoir responsable

1. C'est la scène dite de la justice de Cambyse, qui inspire les commandes émanant des compagnies judiciaires au Moyen Age. Voir Robert Jacob, *Images de la justice, essai sur l'iconographie judiciaire au Moyen Age et à l'âge classique*, Le Léopard d'or, 1994, p. 74.

2. Voir Daniel Ludet, « Quelle responsabilité pour les magistrats ? », in *Les Juges, Pouvoirs*, Le Seuil, n° 74, p. 119 *sq*.

3. Jacques Derrida, *Force de loi*, Galilée, 1994, p. 51 C'est moi qui souligne.

4. Il y a à peine dix ans, un ministre demandait aux chefs de juridiction de lui remettre la totalité des discours de rentrée. A cette époque, George Apap, procureur de Valence, défendait une position sur la libéralisation de certaines drogues et avait fait l'objet de poursuites disciplinaires pour violation du devoir de réserve.

5. Texte de la déclaration liminaire de Bernard Bertossa, lors d'une rencontre réunissant deux cents participants sur la lutte contre la corruption à Bruxelles le 12 décembre 1997, qui fait suite à l'appel de Genève.

6. Voir cette réponse au journaliste Denis Robert : « – Est-ce que le combat du juge... Je n'aime pas ce mot de « combat » comment doit-on dire ? »

– C'est un travail sérieux et *dépassionné* », in *La Justice et le Chaos, op. cit.*, p. 61. (C'est moi qui souligne.)

7. Les Grecs comparent l'acte de juger à l'art d'un cocher pour lequel importe moins d'avoir les chevaux rapides que de savoir les pousser au moment décisif.

Voir Marcel Detienne et Jean-Pierre Vernant, *Les Ruses de l'intelligence*, Champs-Flammarion, 1974, p. 213.

8. Chaïm Perelman, *Logique juridique. Nouvelle rhétorique*, Dalloz, 1979, p. 174.

9. Discours d'investiture de Lionel Jospin, 20 juillet 1997. C'est moi qui souligne.

10. Article 33 du Code de procédure pénale.

11. Conseil supérieur de la magistrature, *Rapport annuel 1995*, *J. O.*, p. 27.

12. *Ibid.*, p. 34.

13. Voir aussi ce jugement : « Attendu que M. s'est par ses agissements déconsidéré et a déconsidéré la justice aux yeux du justiciable » (décision du 21 mars 1972), Conseil supérieur de la magistrature, *Rapport annuel 1996*, *J. O.*, pp. 41-42.

14. Voir Robert Jacob (dir.), *Le Juge et le jugement dans les traditions juridiques européennes*, LGDJ, 1995.

15. Cité par Marcel Rousselet, *Le Cas de conscience du magistrat*, Perrin, 1963, p. 193.

16. Maurice Peyrot, *Le Monde* du 23 septembre 1992, commentant une audience tenue par le président Claude Hanoteau.

17. La réforme de la justice proposée par le gouvernement Jospin envisage d'instaurer des commissions auprès des cours d'appel chargées de recueillir les réclamations des citoyens sur le *comportement* des magistrats et de les transmettre au CSM (discours d'Elisabeth Guigou à l'Assemblée nationale du 15 janvier 1998).

18. « Tout manquement par un magistrat aux devoirs de son état, à l'honneur, à la délicatesse ou à la dignité constitue une faute disciplinaire » (art. 43 du statut de la magistrature de 1958).

19. Seule, pour le moment, la formation du CSM, compétente pour le parquet, a rendu, selon l'article 6 de la Convention européenne des droits de

l'homme, un avis en date du 11 juin 1996 qui a admis le principe d'un droit à l'audience publique pour un magistrat poursuivi.

20. *Le Monde* a publié le 28 mars 1995 de larges extraits d'une synthèse confidentielle sur la jurisprudence du CSM préalablement publiée dans *Justice*, journal du Syndicat de la magistrature.

21. L'*impeachment* est applicable aux juges fédéraux, comportant mise en accusation devant la Chambre des représentants et jugement devant le Sénat. Par la *Richterranklage*, le Bundestag a la possibilité d'engager une action contre un juge devant la cour constitutionnelle, s'il est établi que le « comportement du juge a violé la Constitution ». M. Cappelletti, *op. cit.*, p. 139.

Chapitre VIII

Droit et justice en démocratie d'opinion

1. Voir le commentaire de Lucien Jaume, *L'Individu effacé ou la paradoxe du libéralisme français*, Fayard, 1997, p. 106 *sq.*

2. Mireille Delmas-Marty, *Pour un droit commun*, Le Seuil, 1995, p. 176 *sq.*

3. Montesquieu, *L'Esprit des lois*, XI, 11.

4. Pour Kant, tout jugement est une universalité subjective : la règle qu'il énonce ne se donne à voir que dans le moment singulier du jugement. Voir Hannah Arendt, *Juger, Sur la philosophie politique de Kant*, Le Seuil, 1991.

5. L'idée d'un recours devant une commission indépendante contre les classements (décisions individuelles relevant du seul parquet) incompatibles avec la politique gouvernementale est prévue par le rapport Truche et reprise dans les projets de réforme

actuels. En revanche, la réintroduction par la voie hiérarchique des instructions individuelles données par les procureurs généraux aux procureurs de la République à la demande du gouvernement risque fort de maintenir au-dedans le soupçon que l'on voulait éradiquer aux yeux de tous (déclaration d'Elisabeth Guigou au Sénat le 22 janvier 1998).

6. Voir J.-M. Coulon, *Réflexions et propositions sur la procédure civile*, La Documentation française, décembre 1996.

7. Voir Antoine Garapon et Denis Salas, *La République pénalisée*, Hachette, 1996.

8. Pierre Zémor, « Un enjeu pour la justice : être rendue communication comprise », *Justices*, n° 4, Dalloz, 1996.

9. Jean-Denis Bredin, « Les habits neufs de la justice », *Le Monde*, 10 octobre 1996.

10. Après les abus du procès Dominici en 1954, une loi limite les images de procès. En 1939, Daladier interdit la peine de mort en public après le scandale provoqué par les photos de l'exécution d'un tueur en série, publiées par *Paris-Match*.

11. Antoine Garapon, *Le Gardien des promesses. Le Juge et la démocratie*, Odile Jacob, 1996, pp. 92-93.

12. Voir les normes éthiques du fait divers proposées par *Ouest France* : « Dire sans nuire, montrer sans choquer, témoigner sans agresser, dénoncer sans condamner », *La lettre de la rédaction*, 29 juin 1990.

13. Voir Daniel Cornu, *Ethique de l'information*, PUF, 1997.

14. Alain Touraine, *Pourrons-nous vivre ensemble ?*, Fayard, 1997, p. 57.

15. Charles Taylor, *Malaise de la modernité*, Le Cerf, 1994, p. 123.

16. Cette question fit débat entre Paul Ricœur et Eric Weil. Pour Ricœur, l'Etat porte la marque de la

violence originelle du pouvoir. Son paradoxe est d'être une « réalité raisonnable qui peut être insensée ». Pour Weil, au contraire, il s'identifie avant tout à la *paix civile*, car il est le garant de la structure juridique qui donne un statut à chacun. Eric Weil, *Philosophie politique*, Vrin, 1956, p. 37, et la discussion des thèses de ce livre par Ricœur in *Lectures* I , *Autour du politique*, Le Seuil, p. 95 *sq*.

17. Georg Simmel, « Le Pont et la porte », in *Tragédie de la culture*, Petite Bibliothèque Rivages, 1988, pp. 159-168.

18. Roger Merle, *La Pénitence et la peine*, Le Cerf-Cujas, 1985, p. 142. C'est moi qui souligne.

19. Voir le rappel de Pierre Legendre, *Les Enfants du texte*, *op. cit.* Les tribunaux de l'Eglise jugeaient l'homme deux fois : le juge est l'interprète du for externe, alors que le confesseur est le juge du for interne (p. 372 *sq*).

20. Paul Ricœur, *Histoire et vérité*, *op. cit.*, p. 99. Souligné par l'auteur.

Epilogue
Une aventure sans mémoire

1. François Furet, *Le Passé d'une illusion*, Le Livre de poche, 1995, p. 594.

2. Pierre Viansson-Ponté, *Histoire de la République gaullienne, Le temps des orphelins, août 1962-avril 1969*, Fayard, 1971, p. 23 *sq*.

3. Alain, *Propos sur les pouvoirs*, *op. cit.*, nº 79, 12 juillet 1910.

4. Nietzsche, *Ainsi parlait Zarathoustra*, Aubier, 1954, p. 147. Souligné par Nietzsche.

Bibliographie

Alain, *Propos sur les pouvoirs. Eléments d'éthique politique*, Gallimard, coll. « Folio-essais », 1985.

Hannah Arendt, *Juge. Sur la philosophie politique de Kant*, traduit de l'anglais par Myriam Revault d'Allonnes, Le Seuil, 1991.

Balzac, *L'Interdiction*, Classiques Garnier.

Claude Bontemps (dir.), *Le Juge : une figure d'autorité*, Association française d'anthropologie du droit, L'Harmattan, 1996.

Pierre Bouretz (dir.), *La Force du droit. Panorama des débats contemporains*, Editions Esprit, 1991.

Mauro Cappelletti, *Le Pouvoir des juges*, traduit de l'anglais par René David, Economica, 1990.

Loïc Cadiet, *Découvrir la justice*, Dalloz, 1997.

Jean Carbonnier, *Droit et passion du droit sous la Ve République*, Flammarion, 1995.

Laurent Cohen-Tanugi, *La Métamorphose de la démocratie*, Odile Jacob, 1989.

Benjamin Constant, *Ecrits politiques*, Gallimard, coll. « Folio-essais », 1998.

Mireille Delmas-Marty, *Pour un droit commun*, Le Seuil, 1994.

–, *Procédures pénales d'Europe* (dir.), PUF, 1996.

Lawrence Friedman, *Total justice*, New York, Russel Stage Foundation, 1985.

Antoine Garapon, *Le Gardien des promesses. Le juge et la démocratie*, Odile Jacob, 1996.

Antoine Garapon et Denis Salas, *La République pénalisée*, Hachette, coll. « Questions de société », 1996.
Marcel Gauchet, *La Révolution des pouvoirs. La souveraineté, le peuple et la représentation*, Gallimard-NRF, 1995.
Louis Gruel, *Pardons et châtiments. Les jurés français face aux violences criminelles*, Nathan, 1991.
Carlo Guarnieri et Patrizia Pederzoli, *La Puissance de juger. Pouvoir judiciaire et démocratie*, Michalon, 1996.
Serge Guinchard, Gabriel Montagnier, André Varinard, Jean Vincent, *La Justice et ses institutions*, Dalloz, 1996.
Marie-Angèle Hermitte, *Le Sang et le droit. Essai sur la transfusion sanguine*, Le Seuil, 1996.
Lucien Karpik, *Les Avocats. Entre l'Etat, le public et le marché* XIIIe-XXe *siècle*, Gallimard, 1995.
Alexandre Kojève, *Esquisse d'une phénoménologie du droit*, Gallimard, 1981.
Blandine Kriegel, *La République incertaine*, Quai Voltaire, 1992.
–, *Propos sur la démocratie*, Descartes et Cie, 1994.
Robert Jacob, *Images de la justice. Essai sur l'iconographie du Moyen Age à l'âge classique*, Le Léopard d'or, 1994.
Bertrand de Jouvenel, *Du pouvoir. Histoire naturelle de sa croissance*, Hachette Littératures, coll. « Pluriel », 1998.
Claude Lefort, *Essais sur le politique,* XIXe-XXe *siècle*, Le Seuil, coll. « Esprit », 1986.
Pierre Legendre, *Les Enfants du texte. Essai sur la fonction parentale des Etats*, Fayard, 1992.
Jacques Lenoble (dir.), *La Crise du juge*, LGDJ, 1990.
John Henry Merryman, *The Civil Law Tradition. An Introduction to the Legal Systems of Western Europe and Latin America*, Stanford University Press, 1985.
Roger Merle, *La Pénitence et la peine. Théologie, droit canonique, droit pénal*, Le Cerf-Cujas, 1985.

Olivier Mongin, *L'Après 1989. Les nouveaux langages du politique*, Hachette Littératures, coll. « Forum », 1998.
Chaïm Perelman, *Logique juridique. Nouvelle rhétorique*, Dalloz, 1976.
Hugues Poltier, *Claude Lefort. La découverte du politique*, Michalon, 1997.
Paul Ricœur, *Histoire et vérité*, Le Seuil, 1955.
–, *Le Juste*, Editions Esprit, 1996.
Pierre Rosanvallon, *L'Etat en France de 1789 à nos jours*, Le Seuil, 1990.
Luc Rouban, *Le Pouvoir anonyme. Les mutations de l'Etat à la française*, Presses FNSP, 1994.
Dominique Rousseau, *La Démocratie continue*, Bruylant-LGDJ, 1995.
–, *Sur le Conseil constitutionnel. La Doctrine Badinter et la démocratie*, Descartes et Cie, 1997.
Jean-Pierre Royer, *Histoire de la justice en France*, PUF, 1995.
Denis Salas, *Du procès pénal*, PUF, 1992.
Daniel Soulez-Larivière, *Grand Soir pour la justice*, Le Seuil, 1997.
Ezra N. Suleiman, *Les Ressorts cachés de la réussite française*, traduit de l'américain par Sylvette Gleize, Le Seuil, 1995.
Jean-Marc Varaut, *Le Droit au juge*, Quai Voltaire, 1991.

Le Parquet dans la République. Vers un nouveau ministère public, Ecole nationale de la magistrature, 1995.
Rapport de la Commission de réflexion sur la justice, ministère de la Justice, juillet 1997.

Remerciements

Ce livre doit beaucoup à Benoît Chantre et Olivier Mongin, qui l'ont nourri de leurs remarques et lui ont donné sa perspective. A Antoine Garapon, qui m'a offert à l'Institut des Hautes Etudes sur la Justice le cadre intellectuel indispensable pour le mener à bien. A Louis Audibert, qui m'a accordé sa confiance. A Gilles Accomando et Denis Mondon, qui ont éclairé les analyses sur le parquet. A Thierry Baranger, Robert Jacob, Jean-Claude Monier et François Lebur, pour leur aide amicale.

Table

www.ingramcontent.com/pod-product-compliance
Lightning Source LLC
LaVergne TN
LVHW010019081026
849535LV00016B/1159